汽油发动机电控系统结构与检修

卢若珊　主　编

张　飞　王庆坚　副主编

国防工业出版社

·北京·

内 容 简 介

本书包含汽车汽油发动机电控系统的认知和检修基础、汽油发动机电控燃油喷射(EFI)系统认知与检修、汽油发动机电控点火(ESA)系统认知与检修、汽油发动机辅助控制系统认知与检修,汽油发动机电控系统新技术认知五个学习项目。每个学习项目有明确的教学目标,其中分不同学习任务,每项任务有任务描述、任务分析、知识链接、任务实施和任务评价等。

本书适合高职院校汽车技术类专业教学使用,也可作为汽车技术培训教材使用,也适合于汽车类技术人员参考用书。

图书在版编目(CIP)数据

汽油发动机电控系统结构与检修/卢若珊主编.
—北京:国防工业出版社,2016.1
ISBN 978-7-118-10662-6

Ⅰ.①汽… Ⅱ.①卢… Ⅲ.①汽车—发动机—电气控制系统—结构 ②汽车—发动机—电气控制系统—车辆修理 Ⅳ.①U472.43

中国版本图书馆 CIP 数据核字(2015)第 306153 号

※

*国防工业出版社*出版发行
(北京市海淀区紫竹院南路 23 号 邮政编码 100048)
三河市众誉天成印务有限公司印刷
新华书店经售
*
开本 710×1000 1/16 印张 13¾ 字数 245 千字
2016 年 1 月第 1 版第 1 次印刷 印数 1—3000 册 定价 38.00 元

(本书如有印装错误,我社负责调换)

国防书店:(010)88540777 发行邮购:(010)88540776
发行传真:(010)88540755 发行业务:(010)88540717

前　言

由于电子技术的高速发展和在汽车上的广泛应用,现代汽车发动机电子控制技术越来越多,集成化程度也越来越高,企业对汽车维修技术人员也提出了更高要求。与之相应,高职院校汽车技术专业人才培养模式也作出相应改革,知识也需要更新。

为满足高职院校汽车技术类专业教学的需要,结合目前企业对维修人才能力需求,推行工学结合人才培养模式,加强学生技能训练,使得学生系统的掌握现代汽车发动机电控技术,我们特编写此书。

本书主要以现代汽车常见车型和维修设备为例,同时也融入了现代发动机电控系统的新技术,对汽车汽油发动机电控系统及其主要组成部件的结构、原理和检修方法进行了详细的说明。按工作项目主导的形式阐述了现代汽车汽油发动机电控技术的检修方法。在每个项目中通过工作任务的导入,引出相关知识,在任务实施中利用工作页形式,介绍了其实施步骤、实施方法和注意事项等,可实施性强,很好的融合了"教、学、做"一体的教学模式,注重学生操作技能的培养,适应职业技术院校培养高技能应用型人才的需要。

本书共分五个学习项目,由卢若珊副教授任主编、张飞副教授和王庆坚任副主编。在编写过程中参考了大量国内外有关资料,并多次走访企业,请教行业知名专家,在此对他们致以诚挚谢意!

由于时间仓促,书中难免存在错误和疏漏,恳请广大读者批评指正。

编　者
2015 年 10 月

目　录

学习项目一　汽油发动机电控系统的认知和检修基础

【教学目标】

1. 认识汽油发动机电子控制系统的特点、组成及原理。
2. 了解电控系统典型电路。
3. 了解电控系统维修的的仪器设备。
4. 了解电控系统维修的基本步骤和方法。
5. 掌握电控系统维修的注意事项。

【项目描述】

电子技术的迅猛发展和广泛应用,促进了汽车技术的现代化。为了满足汽车节能、环保和安全等方面的要求,汽车发动机电子控制系统也越来越多,维修的技术含量也越来越高。本项目主要对现代汽车汽油发动机各个电子控制系统的基本构成及控制功能进行认识,并熟知汽车电子控制系统维修的相关基础知识。

任务一　汽油发动机电子控制系统认知

【任务描述】

汽车发动机电控系统是用来管理发动机运行的,它能在满足排放达标的情况下,使得发动机高效、稳定地工作,以实现燃油经济性、动力性、运转稳定性和较长的使用寿命。此项任务是了解汽车汽油发动机各个电子控制系统结构和原理,并对电控系统主要部件的安装位置、功用和结构原理进行认识,同时掌握控制系统典型电路。

【任务分析】

汽油机电子控制技术是在 20 世纪五六十年代发展起来的,最早是应用在燃油喷射系统当中,经过几十年的发展,如今采用电子控制的已有燃油喷射系统、点火系统、怠速控制系统、进气控制系统、排放控制系统和自诊断系统等。这些系统集中在一起,由一个电子控制模块共同管理,以满足对于发动机动力性、燃油经济性、安全性、排放污染性和自诊断诸方面的要求。这种集中控制系统称为发动机管理系统(Engine Management System,EMS)。本项任务要求对发动机各个电子控制系统的组成、原理和控制功能有所认识,并了解电控系统相关电路,为后续内容打好基础。

【知识链接】

一、发动机电控系统特点

电子控制系统具有以下特点:

(1)汽车汽油机发动机电子控制系统易于控制燃油供给量,实现混合气空燃比及点火提前角的精确控制,使发动机无论什么工况都能处于最佳运行状态。

(2)进气管无喉管,减少了进气阻力;采用压力喷射,燃油雾化质量好。

(3)喷油器可以安装在进气门附近,使进气管设计更合理,改善了各缸混合气的均匀性。

(4)实现空燃比的精确控制并采用排放控制措施,减少了排放。

(5)不对进气加热,使得压缩温度较低,不易发生爆震,故可采用较高的压缩比来改善热效率。

(6)电子控制系统的控制自由度大,对动力性、经济性和排放等可以实现多目标控制;因工况变化,海拔高度、温度变化等对供油系统的影响可以非常容易得到校正。

二、电控系统基本组成与控制功能

汽车汽油发动机电子控制系统由电控单元(ECU)、传感器和执行器三个部分组成,如图1-1-1所示。

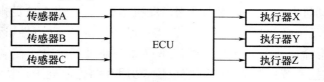

图1-1-1 汽车汽油发动机电子控制系统组成

传感器是系统检测信号的装置。它检测发动机的运行状态,然后将检测参数转化为电信号输给电控单元ECU,作为ECU控制的依据。汽油发动机中主要传感器有空气流量计、进气歧管压力传感器、节气门位置传感器、冷却液温度传感器、进气温度传感器、氧传感器、凸轮轴位置传感器、爆震传感器和曲轴位置传感器等。

ECU 是电控系统核心部件。它接收传感器信号,经过计算确定满足发动机运行状态的各种最佳值(如喷油量、喷油提前角和点火提前角等),然后发出指令给执行器,以完成各种控制。

执行器是执行电脑指令的装置。它接收 ECU 发出的各种指令,完成具体的控制动作,使得发动机处于最佳的运行状态。不同的电子控制系统有不同的执行器,发动机中主要的执行器有喷油器、点火器、怠速控制阀、燃油泵和电磁阀等。

电控系统工作时应用各种传感器来检测发动机工作状态和汽车行驶状态,并把这些信息转化为电信号输给发动机 ECU,ECU 再对传感器信号进行分析、处理和计算,然后发出指令给执行器以进行各种控制。

1. 电控燃油喷射(EFI)系统

汽车汽油发动机电子控制燃油喷射(Electronic Fuel Injection,EFI)系统,从部件的功能来讲,一般由空气供给系统、燃油供给系统和电子控制系统三个子系统组成。

燃油供给系统是供给燃油的装置。它根据电控单元的驱动信号,将一定数量的汽油喷入进气管。燃油供给系统主要由油箱、电动汽油泵、汽油滤清器、燃油压力调节器、喷油器和燃油脉动减振器等组成。

空气供给系统是供给空气的装置。它为发动机可燃混合气的形成提供必要的空气,并测量和控制空气量,主要由空气滤清器、节气门体等组成。

电子控制系统是以一个电子控制装置(又称电脑或 ECU)为控制中心,利用安装在发动机不同部位上的各种传感器,测得发动机的各种工作参数,按照在电脑中设定的控制程序,通过控制喷油器,精确地控制喷油量,使发动机在各种工况下都能获得最佳浓度的混合气(图 1－1－2),主要由传感器、ECU 和执行器(喷油器)等组成。

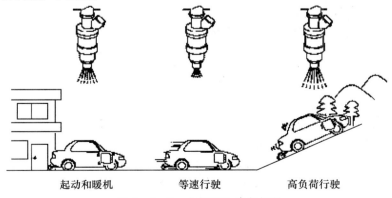

起动和暖机　　　等速行驶　　　高负荷行驶

图 1－1－2　电控燃油喷射控制

3

电控燃油喷射系统的主要控制功能是燃油量的控制。此外,系统通过电脑中的控制程序,还能实现起动加浓、暖机加浓、加速加浓、全负荷加浓、减速调稀、强制断油、自动怠速控制等功能。发动机 ECU 通过各种传感器检测这些状况并修正喷油量以便随时匹配最佳空气—燃油混合气,满足发动机各种工况对混合气的要求,使发动机获得良好的燃料经济性和排放性,也提高了汽车的使用性能。

2. 电控点火提前(ESA)系统

电控点火提前(Electronic Spark Advance,ESA)系统,根据各种传感器(主要是发动机转速和负荷)的信号,感知发动机工况,由电控单元(ECU)选择适合当前情况的最佳点火正时,向点火器发出点火的信号,来控制点火提前角,以使发动机改进功率,净化废气。同时也有效防止爆震,改善了发动机燃烧过程(图 1 - 1 - 3)。

电控点火系统主要控制功能是点火提前角(点火正时)控制、闭合角控制和爆震控制。

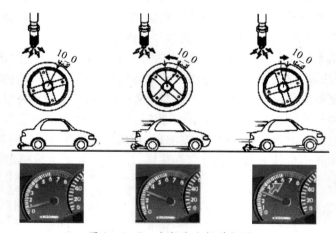

图 1 - 1 - 3　电控点火提前控制

3. 怠速控制(ISC)系统

怠速控制(Idle Speed Control,ISC)系统,是控制怠速时发动机进气量的系统。当发动机怠速运行时,节气门处于全关位置,即进入发动机的空气量不再由节气门进行调节。怠速控制的实质就是通过怠速控制阀调节进气量,同时配合喷油量及点火提前角的控制,改变怠速工况燃料消耗所发出的功率,以稳定或改变怠速转速,使它可以在各种工况下保持正常的工作。为使燃油消耗量和噪声减至最小,尽可能使发动机保持低转速,并且是稳定的怠速区域。而且,当发动机冷机时或空调正在使用时该怠速必须增速以确保适当的暖机性和驾驶性（图 1-1-4）。

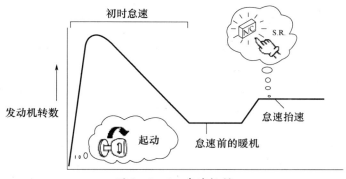

图 1-1-4　怠速控制

怠速控制系统控制功能就是调节怠速时的进气量。

4. 进气控制系统

为了提高发动机的充气效率，使发动机在各种工况下都具有良好的动力性和经济性，现代汽油机采用了各种各样的进气控制系统。

1）进气惯性增压控制系统

进气惯性增压控制系统（Acoustic Control Induction System，ACIS）是利用发动机进气时的气体惯性作用来增加充气效率。

在发动机进气时，进气管由于进气的惯性效应而存在压力波。实验证明，发动机进气管长，压力波也长，可使发动机低、中速区段内的功率增大；进气管短时，压力波也短，可使发动机高转速区段内的功率增大。

ACIS 系统利用进气的压力波来增加进气量。在 ECU 控制下，发动机的进气管长度可根据情况变化，以满足发动机不同工况的要求，获得良好的动力性和经济性。

2）废气涡轮增压系统

废气涡轮增压系统将发动机的废气引入涡轮机，利用这些高温废气的能量推动涡轮转动，并带动压气机转动，从而利用压气机将新鲜空气增压后压入汽缸，以增加进气量。

ECU 必须对增压压力进行控制，以保证发动机在任何工况下都得到最佳增压值，同时又限制了由于增压带来的热负荷和爆震倾向。

3）可变配气控制

进气门开闭时刻对一定曲轴转速下的气缸充气量有着很大影响。可变配气控制就是利用 ECU 控制配气相位,使配气相位可随着发动机转速、负荷等而变化,保证发动机在各种工况下均有较好的进气效果。

5. 排放控制系统

1)燃油蒸发排放控制

燃油蒸发排放控制(Evaporative Emission Control System,EVAP)系统是将燃油系统蒸发的燃油蒸汽收集起来,在适当的时候又将收集到的燃油引入进气管,与新鲜空气混合进入汽缸燃烧,以减少 HC 的排放。其控制功能就是由 ECU 根据发动机工作情况控制引入进气管的燃油量,以免影响正常的混合气浓度。

2)废气再循环控制

废气再循环控制(Exhaust Gas Recirculation,EGR)系统将一部分废气掺入新鲜混合气中,以抑制其燃烧的最高温度,从而减少 NO_X 的排放。其控制功能是由 ECU 控制掺入的废气量,以免影响发动机动力的发挥。

3)二次空气喷射控制

二次空气喷射控制系统将一定量的空气喷入排气管或三元催化器中,使废气中未完全燃烧的燃油进一步燃烧或使有害的 CO 和 HC 进一步氧化成 CO_2 和 H_2O。其控制功能是由 ECU 根据发动机工作情况控制二次喷射的空气进入排气管或三元催化器中,以保证排放控制的效果。

三、发动机电控系统电路

1. ECU 电源电路

发动机 ECU 的电源电路是指为 ECU 及传感器、执行器的工作提供与之相适应电源的电路,分为外部电源电路和内部电源电路。

1)ECU 外部电源电路

ECU 外部电源电路是指为 ECU 提供电源的电路,即 ECU 与电源相连的电路,包括常相线和点火开关控制相线。

常相线直接与蓄电池相连,为在发动机熄火情况下仍需工作的 ECU 内部电路及相应的传感器、执行器供电,以保证 ECU 存储的一些数据不会丢失;点火开关控制相线即由点火开关控制才接通的电源电路,一般由点火开关、EFI 继电器、线路等组成,当今汽车主要采用两种方式:点火开关控制主继电器的 ECU 外部电源电路和 ECU 控制主继电器的 ECU 外部电源电路。

点火开关控制主继电器的 ECU 外部电源电路如图 1 - 1 - 5 所示。当点火开关置于 ON 时,电流进入 EFI 继电器线圈,使触点闭合,蓄电池给发动机 ECU 的 + B 和 + B1 端子提供电源;当点火开关置于 OFF 时,切断进入 EFI 继电器线圈的电流,使触点断开,ECU 的 + B 和 + B1 端子断电。

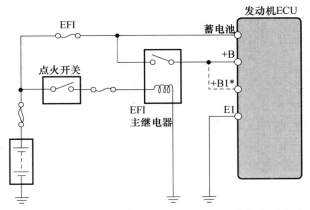

图 1 - 1 - 5　点火开关控制主继电器的 ECU 外部电源电路

ECU 控制主继电器的 ECU 外部电源电路如图 1 - 1 - 6 所示。当点火开关置于 ON 时,蓄电池电压提供给发动机 ECU 的 IGSW 端子,进入 ECU 的 EFI 主继电器控制电路,再发送信号给 M - REL 端子,通过 M - REL 端子向 EFI 主继电器供电,使主继电器线圈通电,触点闭合,从而使蓄电池向发动机 ECU 的 + B 和 + B1 端子提供电源;当点火开关置于 OFF 时,主继电器控制电路继续接通 EFI 主继电器 1 ~ 2s,延迟断电,可以继续给有关电路供电,以保证有关电路的工作(如步进电动机式怠速控制装置的回位等)。

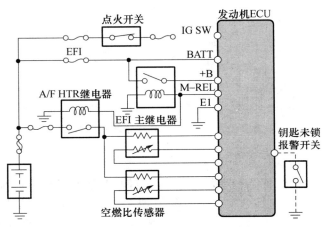

图 1 - 1 - 6　ECU 控制主继电器的 ECU 外部电源电路

2) ECU 内部电源电路

ECU 内部电源电路是将外部电源电压(12 ~ 14V)转换为恒定的 5V 电压,

为微处理器和一些传感器提供电源。5V 是电子工业的标准电压,它既可以保证可靠的数据传输,又不至于损坏 ECU 内部电路。

2. 电控系统搭铁电路

电控系统的搭铁电路也叫接地电路,是发动机电控系统或其他部件与汽车车身连接并最终接至蓄电池负极的电路。搭铁电路和电源电路一样重要,没有搭铁,电路就不能形成回路,ECU、传感器和执行器等电子元件都不能工作,搭铁不良电控系统元件工作也就异常。

ECU 端子上常有多个搭铁端子,如 E0、E1、E2 等,它们是 ECU、各个传感器和执行器的搭铁端,这些端子在 ECU 内部都是相连的,以减少误差,如图 1 - 1 - 7 所示。

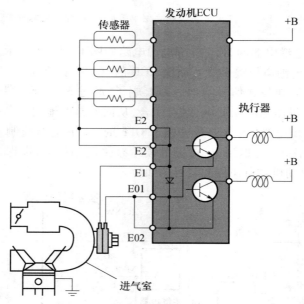

图 1 - 1 - 7 发动机电控系统接地电路

3. 信号输入电路

信号输入电路即传感器电路。一般有电源端、信号端和搭铁端 3 个接线端子;有的传感器无需电源或将电源内置于 ECU 中,这样就只有信号端和搭铁端 2 个接线端子;有的采用外壳搭铁,则只剩 1 个信号端子了,其电路就很简单。但也有的传感器电路比较复杂,有 5 ~ 6 个或更多的接线端子。传感器电路的复杂程度取决于传感器的类型和结构原理。发动机电控系统的传感器主要有开关式、电阻式、脉冲式和电压式等类型。

1）开关式传感器电路

开关式传感器是结构最简单的传感器,其结构有机械式开关和晶体管开关两种。电控系统中有只起传感器作用的开关(如怠速开关),也有既起传感器作用又操纵某个电气系统的开关。开关式传感器通常有两个接线端子,其电路有搭铁式和电源式两种。只起传感器作用的的开关通常为搭铁式电路,如图1-1-8所示,而既起传感器作用又起操纵电气系统作用的开关有搭铁式和电源式,如图1-1-9所示。

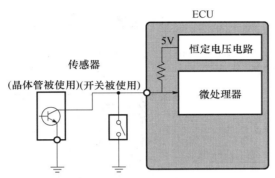

图1-1-8 只起传感器作用的开关式传感器电路

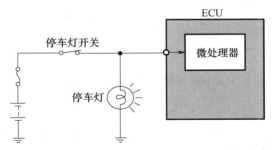

图1-1-9 起传感器和操纵电气系统作用的开关式传感器电路

2）电阻式传感器电路

电阻式传感器是用得较多的一种传感器,其结构有可变电阻式、电位计式和电桥式等。这种传感器通常利用直流电路分压的原理产生电信号,为保证信号的精度,由ECU提供一个恒定的电源电压(常为5V)。可变电阻式传感器有2个接线端子,一端为信号端,另一端为搭铁端,如图1-1-10所示。电位计式传感器有3个接线端子,分别为电源端、信号端和搭铁端,如图1-1-11所示。

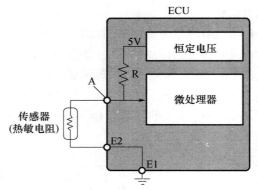

图 1 - 1 - 10　可变电阻式传感器电路

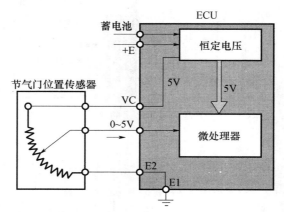

图 1 - 1 - 11　利用电源电压在发动机 ECU 内部产生恒定电压

3）脉冲式传感器电路

脉冲式传感器有不同的原理和结构形式,如利用电磁感应原理的电磁式、利用光电原理的光电式、利用霍尔效应的霍尔式和利用磁阻原理的磁阻式等。其信号有直流脉冲和交流脉冲两种,其电路除了连接 ECU 的信号端外,其余的线路取决于具体的结构和原理,较为复杂多样。如图 1 - 1 - 12 所示为电磁式传感器电路。

4）电压式传感器电路

电压式传感器有不同的类型,通常利用电化学原理、压电原理等将被检测参数的变化转换为电动势的变化。大部分电压式传感器无需工作电源,其电路有的十分简单,如采用外壳搭铁的爆震传感器只有一个接线端子;而有的较为复杂,如空燃比传感器有 5 ~ 6 个接线端子。

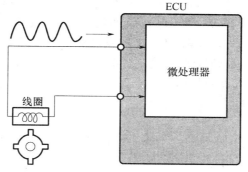

图 1 - 1 - 12 电磁式传感器电路

4. 信号输出电路(执行器电路)

ECU 信号输出电路是指连接和控制执行器工作的电路。控制方式有两种:一种是 ECU 控制接通或断开执行器的电源端,称为电源控制,如图 1 - 1 - 13 (a)所示,其缺点是执行器电路搭铁短路时可能会损坏 ECU,所以应用较少;另一种是 ECU 控制接通或断开执行器的搭铁端,称为搭铁控制,如图 1 - 1 - 13 (b)所示,执行器电路搭铁短路时不会损坏 ECU,所以应用较多。

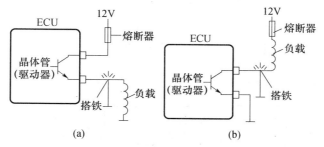

图 1 - 1 - 13 ECU 执行器控制电路

电控系统执行器主要有电磁阀、电动机、继电器、晶体管开关电路、指示灯等,其类型及电路如图 1 - 1 - 14 所示。

5. 串行数据电路

串行数据电路的传输由 CAN 总线完成。CAN 总线由电控单元(ECU)、传输介质(双线传输线)和终端电阻组成,如图 1 - 1 - 15 所示。

CAN 总线连接的 ECU 又称 CAN 总线上的节点。理论上 CAN 总线可以连接无穷多个节点,实际上受线路越长传输速率越低的限制,车载 CAN 总线的节点数可达上百个。CAN 总线上的每个 ECU 独立完成网络数据交换和测控任务,如发动机 ECU、ABS 的 ECU、自动变速器的 ECU 等。CAN 总线上的 ECU 与非网络 ECU 不同,非网络 ECU 不需要对外进行数据交换;而网络上的 ECU 之间需要数据交换,例如发动机 ECU 中的发动机转速数据除了供 ECU 控制发动机工况外,还需要经 CAN 总线传输给自动变速器 ECU,供自动变速器换挡控制使用;反之,自动变速器换挡信号也要经 CAN 总线传输给 ECU,使发动机的工况适合变速器的换挡要求。

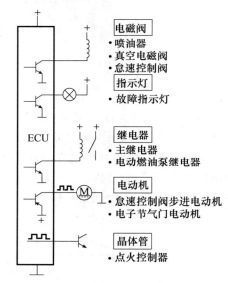

图 1-1-14 ECU 执行器的类型及电路

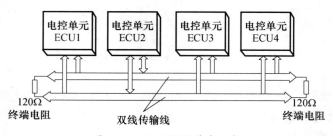

图 1-1-15 CAN 总线组成

【任务实施】

要求通过以下工作页,完成任务实施过程。任务实施过程分组进行,每组配一部车,一名指导老师,老师适当指导,由学生为主体讨论完成。

12

学习项目:汽油发动机电控系统的认知和维修基础 学习任务:汽油发动机电控系统的认知 任务实施:汽油发动机各个电控系统的认知	姓名: 日期:	班级: 第　页

一、任务

　　本任务是对汽车汽油机电子控制系统总体介绍,要求能在汽车发动机实物上初步认识各个电子控制系统,包括传感器、ECU 和执行器的安装位置和外形的初步认识,为后续内容学习打好基础。

二、注意事项

　　1. 本工作页在完成过程不需起动发动机,请不要擅自起动;

　　2. 在认识过程中,不要随便拔出各个连接器,以免损坏;

　　3. 同一小组同学可以讨论完成,并做好记录。

三、程序与步骤

　　1. 填写发动机电控系统基本组成图。

　　2. 电控燃油喷射(EFI)系统包括＿＿＿＿＿＿＿＿＿、＿＿＿＿＿＿＿＿和＿＿＿＿＿＿＿＿三个子系统。其控制功能是＿＿＿＿＿＿＿＿＿＿＿＿＿＿＿＿＿＿＿＿＿＿＿＿＿＿。请在车上找出该系统。

　　3. 电控点火系统(ESA)控制功能是＿＿＿＿＿＿＿＿＿＿＿＿＿＿＿＿。请在车上找出该系统。

　　4. 急速控制系统(ISC)控制功能是＿＿＿＿＿＿＿＿＿＿＿＿＿＿。请在车上找出该系统。

　　5. 进气惯性增压控制系统(ACIS)控制功能是＿＿＿＿＿＿＿＿＿＿＿＿。请在车上找出该系统。

　　6. 废气涡轮增压系统控制功能是＿＿＿＿＿＿＿＿＿＿＿＿＿＿。请在车上找出该系统。

　　7. 燃油蒸发排放控制(EVAP)系统控制功能是＿＿＿＿＿＿＿＿＿＿。请在车上找出该系统。

　　8. 废气再循环控制(EGR)系统控制功能是＿＿＿＿＿＿＿＿＿＿。请在车上找出该系统。

　　9. 描述以下元件:

　　空气流量计安装位置在＿＿＿＿＿＿＿＿,连接器颜色是＿＿＿＿＿＿＿,有＿＿＿＿＿个端子。

　　进气歧管压力传感器安装位置在＿＿＿＿＿＿＿＿,连接器颜色是＿＿＿＿＿＿＿,有＿＿＿＿＿个端子。

　　节气门位置传感器安装位置在＿＿＿＿＿＿＿＿,连接器颜色是＿＿＿＿＿＿＿,有＿＿＿＿＿个端子。

　　氧传感器安装位置在＿＿＿＿＿＿＿＿,连接器颜色是＿＿＿＿＿＿＿,有＿＿＿＿＿个端子。

　　进气温度传感器安装位置在＿＿＿＿＿＿＿＿,连接器颜色是＿＿＿＿＿＿＿,有＿＿＿＿＿个端子。

　　冷却液温度传感器安装位置在＿＿＿＿＿＿＿＿,连接器颜色是＿＿＿＿＿＿＿,有＿＿＿＿＿个端子。

　　喷油器安装位置在＿＿＿＿＿＿＿＿,连接器颜色是＿＿＿＿＿＿＿,有＿＿＿＿＿个端子。

　　点火器安装位置在＿＿＿＿＿＿＿＿,连接器颜色是＿＿＿＿＿＿＿,有＿＿＿＿＿个端子。

序号	评价指标	评价内容	分值	学生自评	小组评价	教师评价
1	正确认识各电子控制系统	判断是否正确	40			
2	传感器认识	判断是否正确	20			
3	执行器认识	判断是否正确	20			
4	安全规范与提问	是否符合安全操作规范	10			
		回答问题是否准确	10			
总　分			100			
问题记录和解决方法		记录任务实施中出现的问题和采取的解决方法（可附页）				

任务二　汽油发动机电控系统检修基础知识和基本技能训练

【任务描述】

随着更为先进的、智能化的汽车技术潮水般地涌入国内，维修工作发生了极大的变化，仅靠看、听、摸等主观经验的传统维修方式已无法满足这种技术密集型现代汽车的维修作业。面对日益复杂的故障，汽修人员必须掌握一定的理论基础，依靠相应的检测仪器和检测手段，根据详尽的技术资料，按照一定的故障排除步骤，才能快、精、准地完成检修作业。

而一名专业汽车检修人员的专业素养不仅仅体现在对汽车系统专业知识的掌握，更体现在对工作场所危险状况的处理能力。进行汽车故障诊断与检修，安全保护措施尤为重要，在保证本人高效工作的同时，也应确保他人的人身安全。

【任务分析】

本任务主要为汽油发动机电控系统维修的基础认知及基本技能训练，主要包含四个具体项目。

（1）车间安全作业保护措施；

（2）常用维修设备和仪器；

（3）电控发动机维修注意事项；

（4）电控发动机维修基本步骤和方法。

按故障排除规范流程排除特定的发动机电控系统故障,能让你快速掌握和理解对该系统故障检修步骤、基本方法,提高对发动机电控系统检修的专业素养。

【知识链接】

一、车间安全作业保护措施

汽车维修车间的每一个人都必须遵守车间安全规则,以避免车间内发生危险,避免人身伤害和汽车损坏等财产损失。

1. 汽车维修车间的主要危险

(1)汽油和油漆等易燃液体必须适当处理和储存,否则容易引起火灾。

(2)易燃材料(如浸油的抹布)必须适当存放,以免火灾。

(3)蓄电池含有硫酸溶液,充电时会产生能够爆炸的氢气。

(4)松动的排水沟(井)盖可能引起脚或脚趾损伤。

(5)腐蚀性液体(如清洗液等)对皮肤和眼睛有害。

(6)车间压缩空气系统的高压空气如果穿透皮肤进入血管是非常危险的。

(7)电器设备或电灯导线破损可能导致严重的触电事故。

(8)危险废料如废旧蓄电池必须正确处理,以免造成人身伤害。

(9)汽车排出的一氧化碳是有毒的。

(10)宽松的衣服和长发可能缠绕在设备或汽车的旋转部件上,导致严重的人身伤害。

(11)某些修理作业产生的粉尘和蒸汽是有害的,如维修制动盘、鼓以及离合器摩擦衬片时产生的石棉粉尘是导致肺癌的原因之一。

(12)某些设备(如气动扳手)发出的高分贝噪声可能伤害听力。

(13)洒在车间地面上的机油、润滑剂、水或零件清洗液可能导致人滑倒,造成严重的伤害。

2. 人身保护措施

(1)在车间内一定要戴安全眼镜或戴面罩,车间常用保护人身的安全装备如图1-2-1所示。

(2)如果在高噪声环境下工作时应戴耳塞或耳罩。

(3)一定要穿适合保护脚的靴子或鞋子。在汽车维修车间工作时,适合穿厚底靴子或足尖处有钢板盖的鞋子,能够防止重物下落、火花飞溅以及腐蚀液体对脚的伤害。

(4)在进行汽车维修作业时,不要戴手表、首饰和戒指,避免将电路搭铁短接引起火灾。

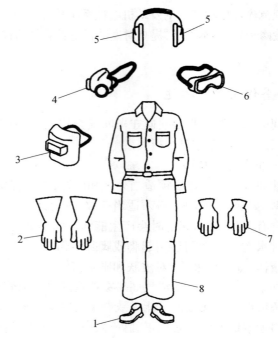

图 1 - 2 - 1 安全装备图

1—安全鞋;2—电焊手套;3—电焊面罩;4—呼吸器;5—听力保护器;
6—安全护目镜;7—手套;8—工作服。

（5）不要穿宽松的衣服,长发要束在脑后,宽松的衣服和长发容易缠绕到旋转的部件上。

（6）当在粉尘环境下工作时应戴呼吸器以保护肺部。

3. 汽车维修车间安全守则

（1）保持车间地面清洁,有任何东西污染了地面应立即进行清洁。

（2）油漆或其他易燃液体应储存在密闭的储存器内。

（3）沾上了油的抹布必须放在安全、有盖的废物箱内,避免产生自燃,引起火灾。

（4）保持车间整洁,不要将重物（如用过的零件等）留在工作台上。

4. 维修车间基本操作规范

在汽车维修车间里进行工作时,遵守基本的操作规范是非常重要的。

（1）着装（图 1 - 2 - 2）：

① 务必穿着干净的工作服。

② 必须戴好帽子,穿好安全鞋。

（2）车辆保护:开始维修前,准备好散热器格栅罩、翼子板保护罩、座椅护面及地板垫(图1-2-3)。

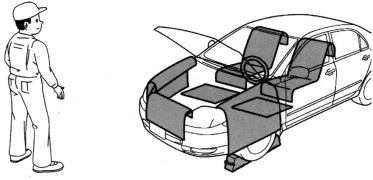

图1-2-2　车间内的着装　　　　　　图1-2-3　对车辆的保护

（3）安全操作:

① 两个或两个以上人员一起工作时,一定要相互检查安全情况。

② 发动机运转的情况下进行工作时,确保工作间通风,以排出废气。

③ 维修高温、高压、旋转、移动或振动的零件时,一定要佩戴适当的安全装备,并且格外注意不要碰伤自己或他人。

（4）安全顶起和支撑车辆:

① 顶起和支撑车辆时要小心,一定要在正确的位置顶起和支撑车辆。一定要使用安全底座支撑规定部位。丰田威驰汽车顶起和支撑位置如图1-2-4所示。

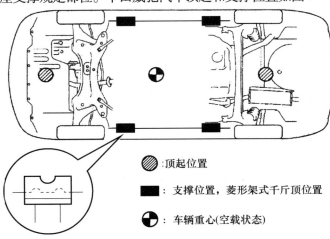

:顶起位置

:支撑位置,菱形架式千斤顶位置

:车辆重心(空载状态)

图1-2-4　车辆顶起和支撑位置

② 举升车辆时,使用适当的安全设备。

(5) 准备工具和测量仪表:开始操作前,准备好工具台、专用工具、仪表、机油和更换的零件。

(6) 拆卸和安装、拆解和组装操作:

① 充分了解正确的维修步骤后,对故障进行诊断。

② 拆下零件前,检查总成的总体状况以确认是否变形或损坏。

③ 对于复杂的总成,要做记录。例如,记录拆下的电气连接、螺栓或软管的总数,并做上装配标记,以确保重装时各零部件装到原位置上。必要时,可对软管及其接头做临时标记。

④ 如有必要,则清洗拆下的零件,并且在全面检查后进行组装。

(7) 处置拆下的零件:

① 应将拆下的零件整齐摆放在工具车内(图1-2-5),以免与新零件混淆或弄脏新零件。

② 对于不可重复使用的零件,如衬垫、O形密封圈、自锁螺母,要按照维修手册中的说明用新件进行更换。

③ 若客户有要求,则保留拆下的零件以备客户检查。

图1-2-5 零件整齐摆放在工具车内

二、常用检修设备和仪器

1. 万用表

万用表可以在不同的量程检测直流电压、交流电压、电阻、电流值。汽车万用表如图1-2-6所示。汽车万用表有更多的功能,如检测二极管的导通性、频率、温度、发动机转速、点火闭合角等。

2. 试灯

通常用于检测电路的断路、短路和搭铁,可分为无源试灯和有源试灯,如图1-2-7所示。

(1) 无源试灯。通常情况下,将无源试灯搭铁夹子连接到汽车的搭铁部位,探针连接到电路中以测试该处是否存在电压。如果探针接触的电路处有电压,试灯就会点亮。

(2) 有源试灯。有源试灯看起来与12V试灯类似,但有源试灯有内部电池。检测电路时应先将电路的正极与电源断开,然后将有源试灯的探针连接到电路的正极端,有源试灯的另一端连接在搭铁上,试灯应点亮。如果试灯不亮,说明电路断路。

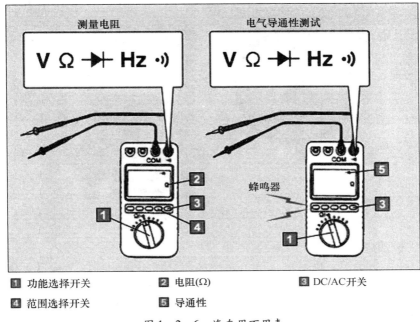

1 功能选择开关	**2** 电阻(Ω)	**3** DC/AC开关
4 范围选择开关	**5** 导通性	

图 1 - 2 - 6　汽车用万用表

3. 听诊器

听诊器用来确定发动机或其他设备噪声的声源,如图 1 - 2 - 8 所示。听诊器的拾音器放到要检测的设备上,听诊器的接收器戴在技师的耳朵上。

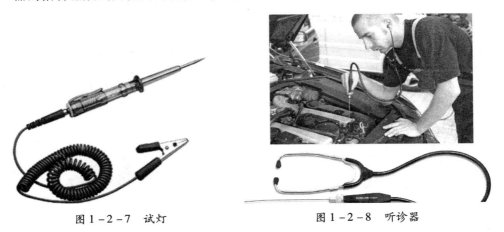

图 1 - 2 - 7　试灯　　　　　　　　　图 1 - 2 - 8　听诊器

4. 真空压力表

真空压力表(图1-2-9)可用来检查进气歧管真空度。真空压力表通常提供真空软管和各种接头等的压力。

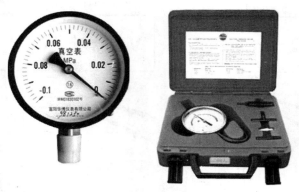

图1-2-9　真空压力表

5. 燃油压力表

燃油压力表用来检测燃油喷射系统的燃油压力。燃油压力表通常包括连接燃油压力表与燃油系统的接头和软管,如图1-2-10所示。

6. 喷油器清洗检测设备

通常清洗喷油器的仪器为超声波清洗仪。

使用喷油器检测仪器可以模拟发动机的工作状况对各种形式喷油嘴进行检测,可以直观地看到喷油器的工作情况,如图1-2-11所示。

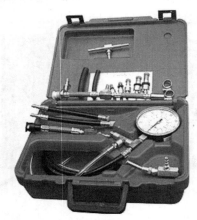 

图1-2-10　燃油压力表　　　　图1-2-11　喷油器清洗检测仪器

7. 点火正时灯

现在大多数电控发动机的点火正时可通过检测进行检查,如果汽车使用了分电器电控点火系统,就需要用点火正时灯进行基本的点火正时设置。汽车点火正时灯如图1-2-12所示。

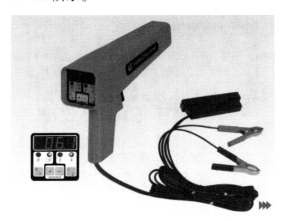

图1-2-12 汽车点火正时灯

8. 故障检测仪

故障检测仪又称为解码仪,用于测试汽车电控系统。检测仪可以从发动机电控单元的存储器读取故障码,并将故障码以数字显示在检测仪上。检测仪通常需要定期进行更新升级。见图1-2-13。

金德KT600智能诊断仪　　　　深圳元征电眼睛X431

图1-2-13 常用的国产故障检测仪

9. 示波器

示波器在快速准确地诊断发动机电控系统故障方面非常有用。示波器可以把电压的变化在显示屏上显示出来,用于分析、判断和储存。模拟示波器和数字示波器如图1-2-14所示。

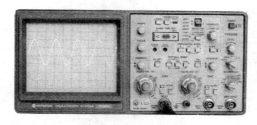

图1-2-14　示波器

10. 废气分析仪

废气分析仪用来检测汽车的尾气排放,常用的五气体废气分析仪(图1-2-15)可以检测 HC、CO、CO_2、O_2 及 NO_x 的气体浓度。

图1-2-15　常用的五气体废气分析仪

三、电控发动机维修注意事项

1. 蓄电池端子的拆卸与安装注意事项

（1）进行修理/检查工作前，一定要将点火开关转到"OFF"，并从蓄电池负极（-）端子断开电缆，以免因意外短路而造成零部件和配线的损坏，如图1-2-16所示。

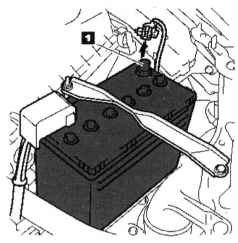

图1-2-16 拆下蓄电池负极端子

（2）从蓄电池负极（-）端子断开电缆时，时钟设定、收音机设定、音响系统的存储内容、DTC和其他数据都将被清除，必要时需要对一些系统进行初始化。在断开电缆前，应记录下必要的数据。

（3）断开电缆时，关闭发动机开关和前大灯变光开关，并完全松开电缆螺母，然后断开电缆。进行这些操作时，不得扭曲或撬动电缆。

2. 维护电子部件的注意事项

（1）断开电子连接器时，严禁拉拔配线，应拉拔连接器本身。

（2）不要掉落电子部件（如传感器或继电器），否则容易造成损坏，如图1-2-17所示。

（3）清洁发动机时，应保护好电子部件、空气滤清器以及与排放相关的零部件，以防这些零部件进水。

（4）禁止用冲击扳手拆卸或安装各种开关和传感器。

（5）在测量线束连接器的电阻时，小心插入检测仪探针，避免使连接器端子弯曲。

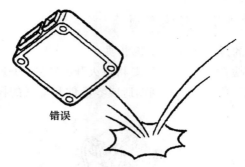

错误

图1-2-17 不要掉落电子部件

3. 发动机 ECU 的维修注意事项

(1)连接或断开发动机 ECU 线束接头前,关闭点火开关,并断开蓄电池负极电缆,否则可能会损坏 ECU。因为即使点火开关关闭,蓄电池仍向发动机 ECU 供电。

(2)向发动机 ECU 上连接或从发动机 ECU 上断开钟状接头时,小心不要损坏针状端,以免造成弯曲或断裂。连接针状接头时要确认发动机 ECU 针状端口没有弯曲或断裂,如图1-2-18所示。

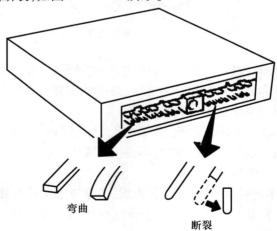

弯曲

断裂

图1-2-18 不要造成针状端口弯曲或断裂

(3)除非绝对必要,否则不要打开发动机 ECU 盖或壳。如果要接触发动机 ECU 插接器端子,应先消除自身的静电。

(4)使用万用表测量发动机 ECU 信号时,注意表笔的意外搭接将会导致 ECU 短路损坏,如图1-2-19所示。

（5）在更换发动机 ECU 前,进行发动机 ECU 输入/输出信号检查,确定发动机 ECU 工作是否正常,如图 1 - 2 - 20 所示。

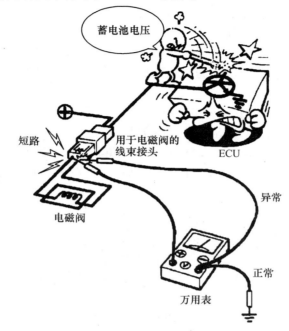

图 1 - 2 - 19　不要使表笔短路

图 1 - 2 - 20　更换发动机 ECU 前进行检查

（6）在将车辆返还给客户前确保删除发动机 ECU 中不必要的（已经修复的）故障信息。

4. 对于配备催化转化器的车辆应注意事项

（1）只能使用无铅汽油。

（2）避免发动机怠速运转超过 20min。

（3）避免进行不必要的火花跳火试验。在必要的情况下进行火花跳火试验,应尽快完成。

（4）试验时,切忌高速运转发动机。

（5）发动机压缩压力测量必须尽快完成,避免测量时间过长。

（6）燃油即将耗尽时禁止运转发动机,避免导致发动机失火情况。

如果大量未燃烧的燃油或燃油蒸汽进入催化转化器,则将会导致过热从而损坏催化转化器甚至引发火灾。

5. 对于配备移动通信系统的车辆应注意事项

（1）不要在汽车上安装任何大功率移动通信系统。

（2）天线的安装位置应尽可能远离车辆电气系统的 ECU 和传感器,天线馈线的安装位置应距离车辆电气系统的 ECU 传感器至少 20cm,如图 1 - 2 - 21 所示。

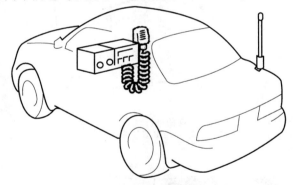

图 1 - 2 - 21 天线和天线馈线的安装位置

（3）天线和馈线尽可能与其他配线分开,以防通信设备的信号和车辆电控设备的信号互相影响。

（4）检查天线和馈线并确认调整正确。

四、电控发动机检修基本步骤和方法

1. 基本电路检查

检修发动机电控系统,应该具有进行基本电路检查来排除电路故障的能

力,电路检查步骤如下:

1)检查线路连接器

（1）断开连接器时,首先将连接器相配的两部分紧压在一起以使其解锁,然后压下锁爪,直接握住连接器并将其分离,严禁拉拔线束,如图1-2-22所示。

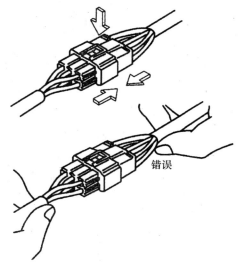

错误

图1-2-22　断开连接器

（2）通过从连接器的后侧轻拉线束进行检查,查看端子是否松开、缺失以及压接处是否松动或导线是否断裂(图1-2-23)。如果端子无法锁止在外壳内,则必须更换该外壳。目视检查是否存在腐蚀、金属屑、异物或水,端子是否弯曲、生锈、过热、变脏或变形。如果端子损坏、变形或腐蚀,则更换。

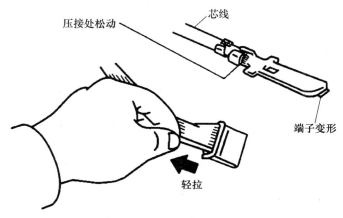

压接处松动　　　　芯线

端子变形

轻拉

图1-2-23　检查连接器端子

（3）如果端子上有异物，则用压缩空气喷枪或抹布清洗接触点。切勿使用砂纸打磨接触点，否则将使镀层脱落，如图1-2-24所示。

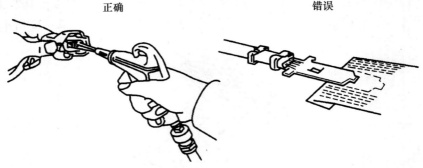

正确　　　　　　　　　　　　　　　错误

图1-2-24　清洁连接器端子

（4）检查端子的接触压力（图1-2-25）。准备一个备用的阳端子，将其插入阴端子中，检查在插入过程中和完全接合后的张力是否足够。如果接触压力不正常，则更换阴端子。

（5）连接连接器时，用力压直至听到连接器"咔嗒"一声而锁止。

（6）如果检查连接器端子的电压信号，则使用小型测试引线从后侧（线束侧）检查（图1-2-26）。由于无法从后侧检查防水连接器，所以应通过连接分线束对其进行检查。在检查过程中，严禁移动插入的检测探针，以免损坏端子。

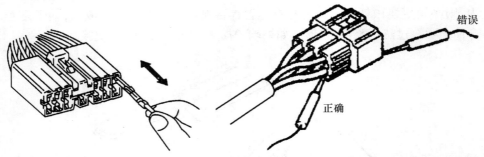

图1-2-25　检查端子的接触压力　　　图1-2-26　检查连接器端子电压信号的方法

2）处理线束

（1）如果要拆下线束，则开始前需检查配线和箍位，以便重新安装。

（2）切勿过度扭绞、拉拔或松开线束。切勿使线束接触到高温、旋转、移动或振动的零件。避免使其与面板边缘、螺钉尖端及其他锋利物体接触。

（3）安装零件时,切勿挤压线束,如图1-2-27所示。切勿切断或撕裂线束的外皮。如果外皮切断或破裂,则更换线束或用塑料带修理。

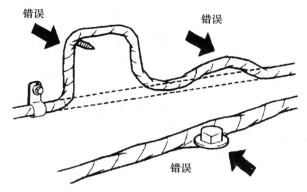

图1-2-27 不正确的固定线束示例

3）检查是否断路

下面以图1-2-28为例,介绍线束断路检查的方法。

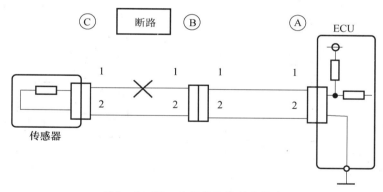

图1-2-28 对线束进行断路检查

（1）检查电阻。

① 测量连接器端子间的电阻。断开连接器A和C,测量连接器端子间的电阻,测量方法和测量结果如图1-2-29所示。

如果测量结果与上表一致,则连接器A端子1和连接器C端子1间存在断路。

② 断开连接器并测量连接器端子间的电阻。断开连接器B并测量连接器端子间的电阻,测量方法和测量结果如图1-2-30所示。如果结果与表格中一致,则连接器B2端子1和连接器C端子1间存在断路。

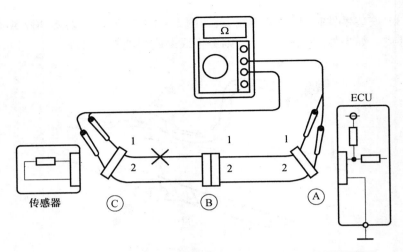

检测仪连接	测量结果
连接器 A 端子 1—连接器 C 端子 1	10kΩ 或更大 (表示断路)
连接器 A 端子 2—连接器 C 端子 2	小于 1Ω

图 1-2-29　测量连接器 A 与 C 端子间的电阻

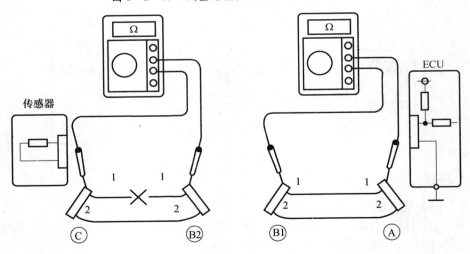

检测仪连接	测量结果
连接器 A 端子 1—连接器 B1 端子 1	小于 1Ω
连接器 B2 端子 1—连接器 C 端子 1	10kΩ 或更大

图 1-2-30　测量连接器 B 端子 1 与连接器 A、C 端子间的电阻

测量电子部件的电阻时除非另有说明,否则所有电阻的测量都应在环境温度为20℃以下进行。如果在高温时(如车辆刚刚驶过后)测量,则电阻的测量值可能不准确。应在发动机充分冷却后进行测量。

(2)检查端子对地电压。在ECU连接器端子输出电压的电路中,可以通过检查电压确认电路断路:在各连接器仍然连接时,按顺序测量车身搭铁和连接器A端子1、连接器B端子1、连接器C端子1间的电压,测量方法和测量结果如图1-2-31所示。

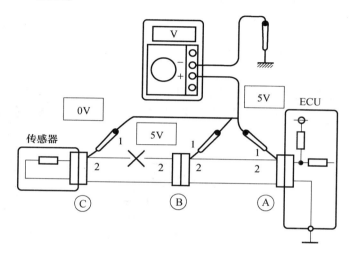

检测仪连接	测量结果
连接器A端子1—车身搭铁	5V (注:指定的传感器电压)
连接器B端子1—车身搭铁	5V (注:指定的传感器电压)
连接器C端子1—车身搭铁	低于1V(表示断路)

图1-2-31 检查连接器电压

如果结果与上表一致,则连接器B端子1和连接器C端子1间的线束存在断路。

4)检查是否搭铁

如果线束搭铁短路(图1-2-32),则通过检查车身搭铁的电阻,找出搭铁部分。

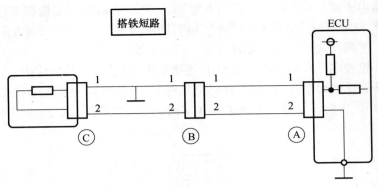

图 1 - 2 - 32　检查线束是否搭铁短路

（1）断开连接器 A 和 C 并测量电阻,测量方法和测量结果如图 1 - 2 - 33 所示。如果结果与表格中一致,则连接器 A 的端子 1 和车身搭铁之间存在短路。

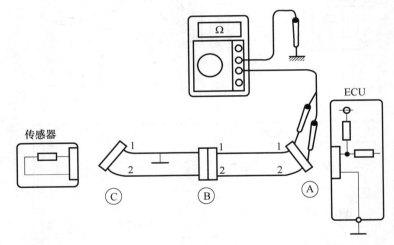

检测仪连接	测量结果
连接器 A 端子 1—车身搭铁	小于 1Ω（表示搭铁）
连接器 A 端子 2—车身搭铁	10kΩ 或更大

图 1 - 2 - 33　测量连接器 A 端子到车身搭铁的电阻

（2）断开连接器 B 并测量电阻,测量方法和测量结果如图 1 - 2 - 34 所示。

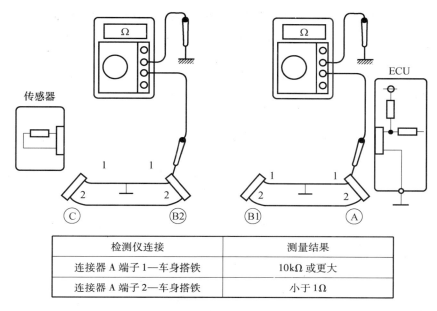

检测仪连接	测量结果
连接器 A 端子 1—车身搭铁	10kΩ 或更大
连接器 A 端子 2—车身搭铁	小于 1Ω

图 1-2-34　测量连接器 A 端子 1 和 B 端子 1 到车身搭铁的电阻

如果结果与上表一致,则连接器 B2 的端子 1 和车身搭铁之间存在短路。

2. 维护完毕后的事项

当车辆维护完毕后,需要完成以下事项:

(1) 车辆修复后的检查。工作结束后,一定要将接头接好并可靠锁止,接头松动未锁住可能会使电路开路从而导致故障。确保连接的接头内没有任何水、油脂、脏物等。将线束正确布置并固定,如果线束与支架等干涉,则可能会由于短路导致故障。确保正确连接橡胶管,橡胶管接错或断开会导致故障。

(2) 维修场地和维修工具的清理。清理场地上的灰尘、油污、铁屑、垃圾等脏物,将各种部件摆放整齐。使用完毕的工具应及时清洁后放回工具箱或工具柜中,以备下次使用。

维护时更换下来的旧配件应征询客户的意见后,再进行处理,不应随意丢弃。

(3) 车辆的清洗和复位。当车辆维护完毕后,应将车辆进行清洗,尤其是在维修中不小心弄脏的地方,一定要进行清洁。

在维护中,可能会拆卸蓄电池电缆,此时应尽量使用备用电源向收放机等部件供电,避免客户的习惯设置丢失。如果没有备用电源,应在拆卸之前将客户的设置记录下来,在维护完毕后重新恢复设置。

（4）给客户的建议。在维护中发现的其他故障应及时告知客户,由客户决定是否进行修理。维护完毕应告知客户车辆的状况,以及下一次维护的里程或时间。

通常应在客户接车后的一定时间内进行回访,征询客户对维护质量和其他方面的满意情况,以进一步地改进。

【任务实施】

要求通过以下工作页,完成任务实施过程。任务实施过程分组进行,老师适当指导,由学生为主体讨论完成。

<table>
<tr>
<td colspan="3" align="center">发动机电控系统
学习工作页</td>
</tr>
<tr>
<td>学习项目:汽油发动机电控系统的认知和维修基础
学习任务:汽油发动机电控系统的基础知识和基本技能训练
任务实施:获得电控系统维修准备工作的能力。</td>
<td>姓名:

日期:</td>
<td>班级:

第　页</td>
</tr>
<tr>
<td colspan="3">一、任务
　　本任务是学习车间作业的安全保护措施、电控系统常用的维修设备和仪器、维修注意事项、维修步骤和基本方法。目的是获得发动机电控系统维修准备工作的能力。
二、注意事项
　　1. 本工作页在完成过程中同一小组同学可以讨论完成,并做好记录;
　　2. 在仪器设备认识过程中,要求轻拿轻放,以免损坏。
三、程序与步骤
　　1. 在维修车间的专用工具保管员那里,认识关于维护电控发动机的检测仪器和设备,并记录3～5种仪器或设备的名称、型号和用途。</td>
</tr>
<tr>
<td colspan="3">
<table>
<tr><td>(1)仪器名称:
用途:</td><td>型号:</td></tr>
<tr><td>(2)仪器名称:
用途:</td><td>型号:</td></tr>
<tr><td>(3)仪器名称:
用途:</td><td>型号:</td></tr>
<tr><td>(4)仪器名称:
用途:</td><td>型号:</td></tr>
<tr><td>(5)仪器名称:
用途:</td><td>型号:</td></tr>
</table>
</td>
</tr>
<tr>
<td colspan="3">　　2. 思考与改善
　　（1）在维修车间内工作时,你是怎样做到保护自己和保证车间安全的? 试列举一些必要的措施。
保护自己:
① _____
② _____</td>
</tr>
</table>

③ _____

④ _____

保证车间安全：

① _____

② _____

③ _____

④ _____

（2）在维修车间内工作时，常常会遇到需要移动客户车辆的情况。你是怎样来保证车辆安全的？试列举你采取的措施。

① _____

② _____

③ _____

④ _____

【任务评价】

序号	评价指标	评价内容	分值	学生自评	小组评价	教师评价
1	正确认识各种电控系统	判断是否正确	40			
2	主要传感器认识	完整正确	40			
3	安全规范与提问	是否符合安全操作规范	10			
		回答问题是否准确	10			
总　分			100			
问题记录和解决方法		记录任务实施中出现的问题和采取的解决方法（可附页）				

任务三　汽车电路图与 OBD 系统认知

【任务描述】

目前汽车的电子设备日益复杂，会识读汽车电路图和认识使用 OBD 系统才有可能正确地进行故障诊断。但使用汽车电路图一直以来都是初学者甚为头痛的事情，常常以"天书""蜘蛛网"来形容电路图的复杂程度。汽车电路图之所以不能让初学者一目了然，是因为其除了表述系统电路逻辑连接关系外，更重要的是表述了实车中每一根导线在车上的准确位置、颜色、形状等。

识读电路图和 OBD 系统可以帮助维修技术人员做到人机对话、快速理解电路构成、查找故障部位、确定故障原因等。所以必须认识电路图上各种符号所表达的含义，以及与车上相应的元件之间的关系；认识 OBD 系统并正确使用。

【任务分析】

电路图是检修汽车电子控制系统故障必不可少的工具。通过查阅电路图，可以了解电流是如何流过系统的，各元件的功能性质及各种各样的元件是如何通过电路连接的。不了解这些，就很难展开故障检修。本任务以丰田车系电路图为例，要求学习者通过学习对电路图的使用方法和操练，能掌握电路图的使用方法，以及能够参照电路图的提示，在实车上找出导师指定的导线和导线接插端子；认识 OBD 系统并能应用。

【知识链接】

一、丰田车系电路图常用符号

在电路图中表示有关电器设备电路部件是以字母和数字注出的端子号，电路图上有这些符号的部件名称标记，因此不必特意记住，但必须知道在维修时查询的方法。电路图主要说明元件如何在一起工作，如从电源到搭铁的电流通路、开关位置及其他相关的功能，在故障诊断和分析前完全掌握电路工作原理是非常重要的。读懂电路图的第一步是了解电路图常用符号和线路颜色。汽车电器电路图常用符号如表 1-3-1 所示。

表 1-3-1　丰田汽车电路图符号含义

符号	名称	符号	名称
	蓄电池		电容器
	点烟器	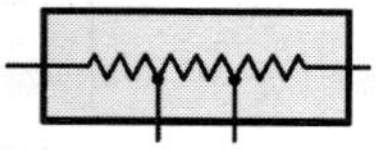	电阻（多抽头） 提供 2 个或 2 个以上不同的不可调电阻值的电阻
	线路断电器 相当于一个重复使用的熔丝。如果通过电流过大，会变热并断开。某些断电器在冷却后自动接通，其余要手动接通	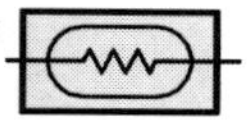	传感器（热敏电阻） 随温度的变化而改变电阻值的电阻
	二极管	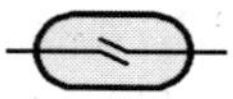	传感器（速度模拟） 用磁场脉冲打开并关闭某个开关，从而产生信号使其他零部件激活

	稳压二极管 允许单向电流通过,但在反向电流达到一个特定电压值时,它允许反向电流通过。它相当于一个简单的稳压器		短销 用以提供带有接线盒的电路连接
	分电器、点火线圈一体化装置(ⅡA) 它能将点火线圈的高压电流引到各个火花塞上		大灯 单灯线
	熔丝		双灯丝
	易熔线 装在强电流线路中的粗直径导线。由于超载而熔断,从而保护线路。其数字指示导线横截面的面积		喇叭
	接地 线路接到机体的接点,从而为电路线路提供回路		点火线圈
	电阻		灯
			发光二极管
	电动机		计量器(模拟式)
		FUEL	计量器(数字式) 电流激励了一个或多个发光二极管,电感电容二极管或荧光显示以提供相关图案或数字显示
	继电器 ① 常开 ② 常闭		开关(刮水器停驻) 当刮水器开关关闭,自动使刮水器返回停止位置
			导线 1. 不连接 导线总是画成直线,两线相交处无黑点即为两线不连接 2. 绞接 相交处有黑点或○形记号是绞接点

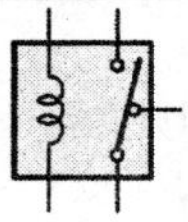	继电器（双掷） 使电路从两个触点中的任一个通过	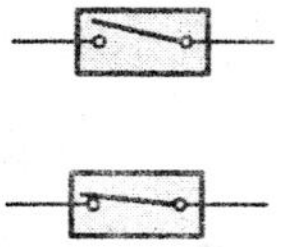	开关（机械式） ① 常开 ② 常闭
	可变电阻 带可变电阻的可控电阻器，也叫分压器或变阻器	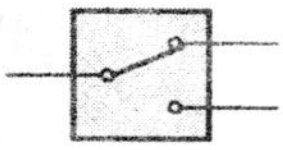	开关（双投）
	电磁线圈 电流通过能形成磁场的线圈。它可使活动铁芯等移动	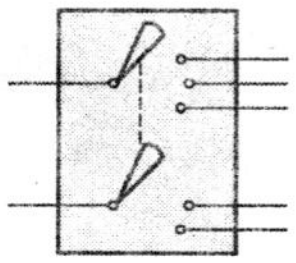	点火开关
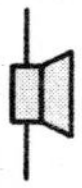	扬声器		

二、丰田车系电路图特点及读图示例

1. 丰田车系汽车电路的特点：

（1）电路图中的电气元件用文字标注。丰田汽车电路图中各个电气元件通常用文字直接标注，识图比较方便。

（2）整车电路图各系统电路标示明确。丰田汽车整车电路图中的各系统电路按长度方向逐个布置，并在电路图的上方标出各系统电路的区域和代表该电路系统的符号或/及文字说明，使电路的阅读比较清晰、方便。

（3）线路接地点标示明确。电路图中不仅绘出了搭铁点，并标注该搭铁点代号与文字说明，读者从电路图中了解路搭铁点直观明了。

（4）元件连接端子标示清楚。连接端子较多的电气元件，各电路连接端子通常用字母组成的符号标示。在一些电路中，还直接标出线路插接器的端子排列和各端子的使用情况，给识图和电路故障查寻提供方便。

2. 丰田车系电路图示例（图1-3-1）

3. 丰田车系电路图（图1-3-1）标注说明

［A］ 系统名称

在电路图上方用刻线划分区域内，用文字表示下方电路系统的名称。

［B］ 表示导线的颜色

导线的颜色用字母代码表示，标注在该线路的旁边，各颜色代码如表1-3-2所示。双色线用代表两种颜色的代码中间加"-"表示。比如："L-Y"表示导线的底色是蓝色，条纹为黄色（图1-3-2）。

M OVERALL ELECTRICAL WIRING DIAGRAM

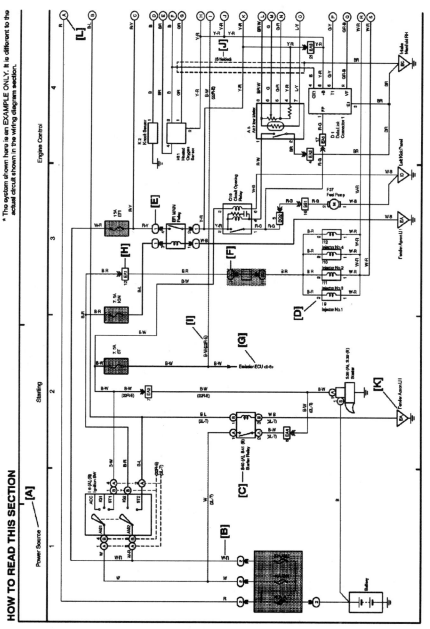

图1-3-1 丰田车系电路图表示方法示例

39

表 1 - 3 - 2　丰田车系电路图导线颜色代码

颜色代码	导线颜色	颜色代码	导线颜色	颜色代码	导线颜色
B	黑色	W	白色	BR	棕色
L	蓝色	V	紫色	SB	浅蓝色
R	红色	G	绿色	LG	浅绿色
P	粉红	Y	黄色	GR	灰色
O	橙色				

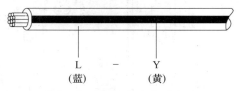

L　-　Y
（蓝）　　（黄）

图 1 - 3 - 2　双色线代码表示

　　[C]　插接器编号（部件的位置在电路图和线路图中相同）

　　表示与电气元件连接的插接器,例如图 1 - 3 - 1 中 S40 和 S41 表示与起动继电器连接的插接器。插接器的端子排列情况列于图中的某个位置,或在其他图中表示。通常还标有插接器颜色,其中标注的为乳白色。

　　[D]　插接器端子编号

　　用数字表示插接器端子号,可从插接器端子排列图中找到该端子的具体位置。插座各端子的编号从左到右排列,插头端子的编号则相反,如图 1 - 3 - 3 所示。

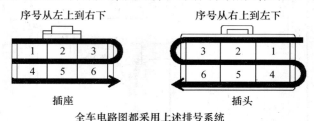

全车电路图都采用上述排号系统

图 1 - 3 - 3　丰田车系插接器端子编号规则

　　[E]　继电器盒号码

　　表示继电器盒号码,这里没有使用,只标注继电器盒号码以便和接线盒区分,例如:①表示 1 号继电器盒。

　　[F]　接线盒（圆圈中的号码是接线盒的号,连接器号码写在旁边）

　　接线盒加阴影以明显区别于其它零件,例如:（图 1 - 3 - 4）。用带黑影的

符号 ↑ 表示导线从接线盒插接,圆线框中间的数字和字母"3C"为插接器代号,其中数字"3"表示该插接器位于3号接线盒,圆线框外的数字"7"和"15"表示该导线连接插接器的6号端子和15号端子。

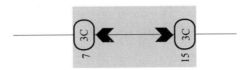

3C表示它位于3号接线盒内

图1-3-4 接线盒表示方法

［G］ 表示相关联的系统

图中的"Emission ECU <9-8>"的"9"表示第9幅电路图,"8"第8区间。

［H］ 线间插接器标记

用符号"⌄"表示导线与导线之间用插接器连接(图1-3-5)。线框中间的字母和数字"EA1"为插接器代号,线框外的数字"12"表示连接该导线的插接器端子号。插接器代号中的第一个字母表示了插接器的位置。E指发动机室,I为仪表盘及周围区域,B为车身及周围区域。

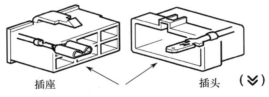

插座   插头 (⌄)

图1-3-5 插接器图

［I］ 适用说明

用"( )"中的文字说明该线路、电气元件或连接所适用的发动机、车型或技术条件。

［J］ 表示屏蔽电缆,如图1-3-6所示。

图1-3-6 屏蔽电缆

［K］ 接地点标记

用符号"▽"表示搭铁点位置,符号中间的字母为搭铁点代号,代号中的第一个字母表示了搭铁点位置：E 指发动机室，I 为仪表板及周围区域，B 为车身及周围区域。电路图中通常在搭铁标记旁用中文说明了搭铁点的具体位置。

［L］　线路连接端代号

圆圈内的字母表示该线路与下一页标有相同字母的导线相连接。

三、汽车随车诊断系统（OBD）

1. OBD 概述

OBD 的英文全称为 On – Board Diagnostic，意为"车载自动诊断系统"。

现代汽车都装备了 OBD 系统，用于监测车辆的废气排放、动力输出、故障诊断、人机对话等。诊断方面的功用是现代汽车故障诊断中不可缺少的部分。

OBD 系统将从发动机的运行状况随时监控汽车是否尾气超标，一旦超标，会马上发出警示。当系统出现故障时，故障（MIL）灯或检查发动机（Check Engine）警告灯亮，同时 ECU 将故障信息存入存储器，维修人员通过一定的方法和程序可以将故障码读出。根据故障码的提示，维修人员能迅速准确地确定故障的性质和部位。

2. OBD 的认识

1）OBD – Ⅰ

随着全球空气质量的恶化和人们对于环保意识的提高，同时由于汽车的尾气排放也是造成空气污染的一个重要的因素，因此，1985 年美国加州大气资源局（CARB）开始制定法规，要求各汽车制造厂在加州销售的车辆，必须装备 OBD 系统，称为 OBD – Ⅰ（第一代随车电脑诊断系统）。OBD 在 1988 年正式全面实施，虽然美国环保局（U. S. EPA）并未强制要求其他州销售的车辆（除加州外）也要配备 OBD 系统，但实际上汽车制造厂在其他州销售的车辆也配备相同的系统。

当初加州大气资源局制定 OBD 用意是减少车辆废气排放，及简化维修流程。但 OBD 规格不够严谨，它遗漏了三元催化转化器的效益监测，以及油气蒸发系统的泄漏监测，再加上 OBD 的监测线路敏感度不高，等到发觉车辆有故障再进厂维修时，事实上已排放了大量废气。

OBD – Ⅰ除了无法有效地控制废气排放，它还引起另一个重要的问题：各车辆制造厂发展了自己的诊断系统、检修流程、特殊工具等，使得非原厂技师在维修车辆时必须面对更复杂的维修环境。虽然有的汽车制造厂采用标准化端子相同的诊断座，但仍保留自己定义的故障码，资料传输不是 SAE 或 ISO 标准格式，无法相互沟通，维修时必须采用不同的诊断仪器。加州大气资源局针对

OBD 离当初制定的目标越来越远的情况,即开始发展第二代随车电脑诊断系统(OBD – II)。

2) OBD – II

OBD – II 是第二代随车电脑诊断系统的简称,在 1993 年以前的诊断系统称为第一代诊断系统。为此美国汽车工程师学会(SAE)制定了一套标准规范,经美国环保局及美国加州大气资源局认证通过这一标准,并要求各汽车制造厂依照 OBD – II 标准提供统一的诊断模式及统一的诊断座,只要一台仪器即可对各车种进行诊断检测。

OBD – II 是美国的标准,销售到美国加州地区的车辆,不论欧、美、日的车辆均须合乎该标准。

OBD – II 具有以下的特点

(1)统一各车种诊断座形状为 16 端子,如图 1 – 3 – 7 所示,并装置在驾驶侧仪表板的下方。

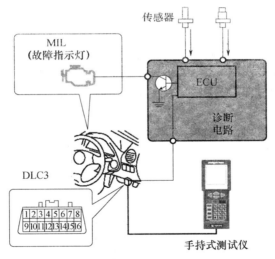

图 1 – 3 – 7　OBD – II 诊断座

(2)具有数值分析资料传输功能 DLC(Data Link Connector)。资料传输线有两个标准:

ISO 标准(International Standardization Organization 1941 – 2)利用 7#,15#端子。

SAE 标准(SAE – J1850)利用 2#,10#端子。

(3)统一各车种故障码及意义。

（4）具有行车记录器功能。

（5）具有重新显示记忆的故障码功能。

（6）具有可由仪器直接消除故障码功能。

标准的 OBD－Ⅱ诊断座端子功用见表 1－3－3。

表 1－3－3　标准的 OBD－Ⅱ诊断座端子功用说明

端子	功用	端子	功用
1#	制造厂应用（自定义）	9#	制造厂应用（自定义）
2#	SAE－J 1850 资料传输	10#	SAE－J 1850 资料传输
3#	制造厂应用（自定义）	11#	制造厂应用（自定义）
4#	直接车身搭铁	12#	制造厂应用（自定义）
5#	信号回馈搭铁	13#	制造厂应用（自定义）
6#	制造厂应用（自定义）	14#	制造厂应用（自定义）
7#	ISO－9141 资料传输 K	15#	ISO－9141 资料传输 L
8#	制造厂应用（自定义）	16#	直接接蓄电池正极

　　SAE 将 OBD－Ⅱ故障码用一个字母和四位数字组合而成，第一个为英文字母，代表测试系统，如 B 代表车身电脑（BODY），C 代表底盘电脑（CHASSIS），P 代表发动机变速器电脑，即动力控制总成（POWERTRAIN），U 代表车身网络。

　　第 2～5 位为数字，其含义见图 1－3－8。

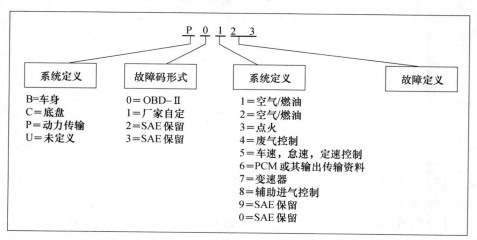

图 1－3－8　OBD－Ⅱ故障码表示图

OBD－Ⅱ故障码前两位的含义见表 1－3－4。

表 1 – 3 – 4　OBD – Ⅱ 故障码分类

故障码	故障码含义	故障码	故障码含义
P0	发动机变速器计算机控制系统由 SAE 统一制定的故障码	P05XX	车速 1 怠速控制系统
Pl	发动机变速器计算机控制系统由厂家各自制定的故障码	P06XX	计算机控制系统
P2、P3	发动机变速器计算机控制系统预留故障码	P07XX、P08XX	变速器控制系统
C0	底盘计算机控制系统,由 SAE 统一制定的故障码	P09XX、P00XX	SAE 预留的故障码
C1	底盘计算机控制系统,由厂家各自制定的故障码	P01XX	以后是由厂家自行制定的一部分
C2、C3	底盘计算机控制系统,预留故障码	Pl1XX、P12XX	燃油和空气监测系统
B0	车身计算机控制系统,由 SAE 统一制定的故障码	P13XX	点火系统
B1	车身计算机控制系统,由厂家各自制定的故障码	P14XX	废气控制系统
B2、B3	车身计算机控制系统,预留故障码	P15XX	车速 1 怠速控制系统
U0 ~ U3	网络连接相关故障码	P16XX	计算机控制系统
P01XX、P02XX	燃油和空气监测系统	Pl7XX、P18XX	变速器控制系统
P03XX	点火系统	P19XX、P10XX	SAE 预留的故障码
P04XX	废气控制系统		

在 1994—1995 年,部分汽车制造厂家已经采用 OBD – Ⅱ 标准,1996 年全面采用 OBD – Ⅱ 标准,同时在新的诊断系统中增加了相当多的数值分析功能。但是,随着计算机控制技术不断发展及其在汽车上应用,也同时出现一系列的问题:汽车电路系统的故障率比较高;汽车的各系统中线路数量大而且复杂;新的系统扩充空间也比较小;新增软件及硬件的可塑性比较小;汽车的制作成本比较高;各计算机的资源不可共享,使得在维修过程中比较复杂等。因此,就以上问题,美国汽车工程师学会又提出了 OBD – Ⅲ(又称 MOBD,多用随车诊断)的概念,并于 2000 年公布、2005 年实施,使现有的维修观念又有一个新的改变。

3) OBD – Ⅲ

在 OBD – Ⅱ 控制系统中,每一个计算机都是相对独立的。在维修过程中诊断仪器要分别进入到发动机、变速器、ABS、防盗等计算机中去读取故障码和读取有关数据。而在 OBD - Ⅲ 系统中,所有的计算机都通过 CAN - BUS 线路连接。因此,OBD - Ⅲ 计算机也能利用 CAN - BUS 线路同时监控其他计算机的故障码和数据,检查车辆的技术状况是否符合环保要求。

如果从环保的角度来说,采用 OBD - Ⅲ 系统就是在 OBD - Ⅱ 的基础上加 I/M(检查与维护),其主要目的就是使汽车的检查与维护合一,配合环保上的要求。依据环保的要求,要降低 CO、HC、NO_x 等有害气体的排放,汽车的机械、电子、液压等各系统应符合有关标准;而汽车在使用一定时间后,这些标准就会发生变化,必须实行监控和定期检查。OBD - Ⅲ 系统能进行汽车重要的行车状况记录,什么时候加速、什么时候减速、撞车时的挡位处在什么位置、节气门的开度是多少,都有一个记录,也就是相当于汽车控制部分的一个"黑匣子",将汽车行驶的有关状况全部记录下来。

在 OBD - Ⅲ 系统中,发动机、变速器、ABS、防盗、动力转向等各个计算机都必须连接在一起(图 1 - 3 - 9),OBD - Ⅲ 对所有的系统都进行规划。

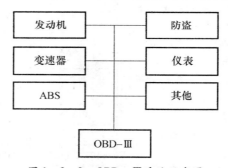

图 1 - 3 - 9   OBD - Ⅲ 系统示意图

整个系统分成几个 BUS,相关的控制也称为 BUS,而将全部统称为 CAN。

举一个简单的例子,这个系统相当于一棵树,树干称为 BUS,树枝也称为 BUS,而整棵树称为 CAN。在现代汽车中,例如宝马(BMW)中的 E38、E39 系列中,网络系统分成 D - BUS、I - BUS、P - BUS、M - BUS、K - BUS 等五大网络。各 BUS 和 CAN 的制造厂不是汽车制造厂而是如 BOSCH(博世)、MOTOROLA(摩托罗拉)、SIEMENS(西门子)等电子公司。

【任务实施】

要求通过以下工作页,完成任务实施过程。任务实施过程分组进行,每组配一部车,一名指导老师,老师适当指导,由学生为主体讨论完成。

完成工作页时借助图 1 - 3 - 10 ~ 图 1 - 3 - 12 完成。

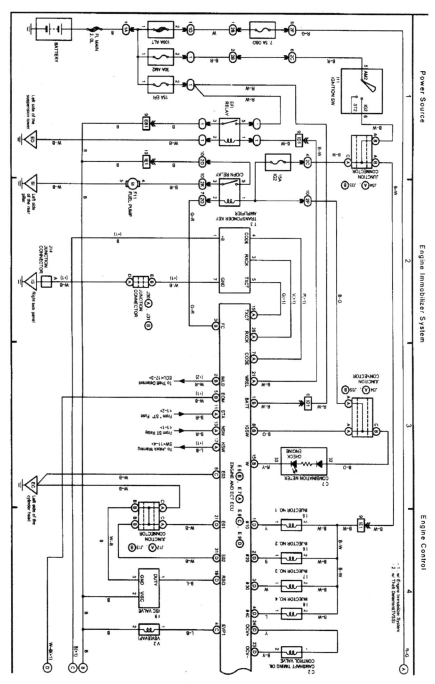

图 1 - 3 - 10(a)　发动机控制系统电路图

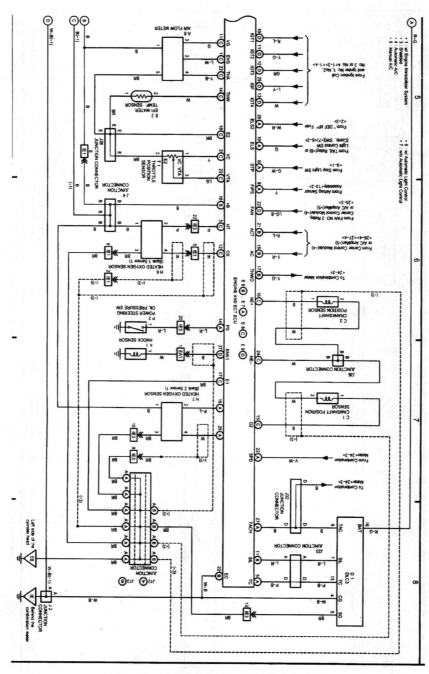

图 1 - 3 - 10(b)　发动机控制系统电路图

48

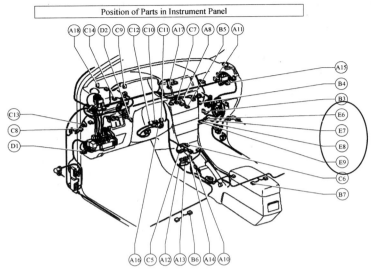

图 1-3-11 接插器位置图

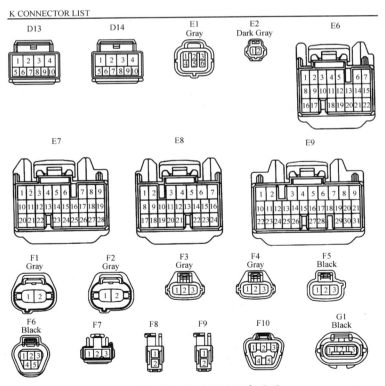

K CONNECTOR LIST

图 1-3-12 插接器端子布置图

49

发动机电控系统
学习工作页

学习项目:汽油发动机电控系统的认知和维修基础 学习任务:汽车电路图与 OBD 系统认知 任务实施:丰田汽车电路图与 OBD 认知	姓名: 日期:	班级: 第　页

一、任务

　　对电路图进行认识,并能借助电路图在实车上查找相应端子和线路;认识 OBD 的诊断插座,并了解插座里导线的作用。

二、注意事项

　　1. 本工作页在完成过程不需起动发动机,请不要擅自起动。

　　2. 在认识过程中,不要随便拔出各个连接器,以免损坏需要拔出时,应将点火开关置 OFF 位置。

　　3. 同一小组同学可以讨论完成,并做好记录。

三、程序与步骤

　　1. 在图 1 - 3 - 10(a)或图 1 - 3 - 10(b)中找出 ECU 插接器标识 E6Ⓑ,其含义是＿＿＿＿＿＿；找出 6Ⓑ,其含义是＿＿＿＿＿＿＿＿＿。

　　2. 在图 1 - 3 - 10(a)或图 1 - 3 - 10(b)中找出 BATT 端子,它位于插接器＿＿＿＿＿的＿＿＿号端子上,导线颜色为＿＿＿＿色。

　　3. 找出车上 ECU 的线束插接口位置,接口的位置在哪里? ＿＿＿＿＿＿＿＿＿＿

　　4. 借助汽车电路图在汽车上找出 E1 端子,它位于 ECU 插接器＿＿＿＿＿的＿＿＿号端子上,导线颜色为＿＿＿＿色,端子含义是＿＿＿＿端。

　　5. OBD 诊断座 DLC3 位置在哪里? ＿＿＿＿＿＿；诊断座颜色是＿＿＿＿＿＿。

　　6. 诊断座上有多少个插孔? ＿＿＿＿＿。请在右边的方框中标出正确的数字序号。

　　7. 点火开关 ON,认识观察发动机故障灯:□亮　□灭

　　其颜色是＿＿＿＿色,形状是(画示意图)＿＿＿＿＿＿。点火开关打回 OFF。

　　8. 请用万用表测量并填写下表:

　　特别注意事项:测量 DLC 插座 4、5 端子其对地搭铁性能(电阻档测量)时,点火开关须处于 OFF 位置。

万用挡位位置	连接 OBD 16 针诊断插座端子	测试结果
电压挡(V)	16(红色表笔)——车身接地(黑色表笔)	
电阻挡(Ω)	4(红色表笔)——车身接地(黑色表笔)	
电压挡(V)	4(红色表笔)——车身接地(黑色表笔)	
电阻挡(Ω)	5(红色表笔)——车身接地(黑色表笔)	
电压挡(V)	5(红色表笔)——车身接地(黑色表笔)	

【任务评价】

序号	评价指标	评价内容	分值	学生自评	小组评价	教师评价
1	电路图认识与使用	认识正确并能使用	40			
2	OBD 认识与端子测量	完整正确	30			
3	故障灯认识	完整正确	10			
4	安全规范与提问	是否符合安全操作规范	10			
		回答问题是否准确	10			
总　分			100			
问题记录和解决方法			记录任务实施中出现的问题和采取的解决方法(可附页)			

学习项目二　汽油发动机电控燃油喷射系统认知与检修

【教学目标】

1. 认识汽油发动机电控燃油喷射系统分类、组成与原理。
2. 认识空气供给系统组成、原理和主要部件检测。
3. 认识燃油供给系统组成、原理和主要部件检测。
4. 认识电子控制系统及控制原理。

【项目描述】

　　汽油机电控燃油喷射系统(Electronic Fuel Injection,EFI)利用各种传感器检测发动机的运行状态,然后将检测参数输入电控单元 ECU,经 ECU 分析、判断、计算后,准确地控制执行器(喷油器)将一定数量和压力的汽油喷射到进气歧管中。这是最早应用到发动机的电子控制系统。由于 EFI 系统能提供最佳空燃比的混合气,充气性能好,从而提高了发动机的动力性、经济性和排污性,所以它的出现完全替代了化油器式的汽油机。国外从 20 世纪 70 年代开始,就在汽车上大量采用了燃油喷射系统,我国从 2001 年起,在轿车上全部采用电控燃油喷射系统。

　　本项目主要学习 EFI 系统组成和原理,学习该系统相关的传感器和执行器的结构原理,并了解其检测方法。

任务一　汽油发动机燃油喷射系统总体认知

【任务描述】

　　汽油发动机电控燃油喷射系统,是在恒定的压力下,利用喷油器将一定数量的汽油直接喷入汽缸或进气管道内的汽油机燃油供给装置。随着汽车工业和电子技术的发展,汽油发动机电控燃油喷射系统也在不断完善。本学习任务主要是了解 EFI 系统的类型及、构成及其工作原理,认识 EFI 系统的组成以及在汽车上的布置,能在实车上认识 EFI 系统。

【任务分析】

汽油发动机电控燃油喷射系统有多种类型,不同的类型其结构和工作原理有一定区别,但主要优点都是利用 ECU 根据进气量等信息来控制喷油器喷油,从而获得最佳空燃比,使发动机工作状态达到最佳。

【知识链接】

一、汽油发动机电控燃油喷射系统分类

电控燃油喷射系统从不同角度有不同的分类方法。

1. 按喷油器数目分

(1)单点喷射系统。单点喷射系统是指在节气门前方安装一只或两只喷油器,向进气歧管喷油形成初步的可燃混合气,在进气行程时,可燃混合气被吸入汽缸内。这种系统结构简单,但混合气浓度不易精确控制。该系统逐渐被淘汰。

(2)多点喷射系统。多点喷射系统是指在每一个汽缸的进气门前的进气道内分别安装一只喷油器,实行各缸分别供油,如图 2-1-1 所示。多点喷射因控制精确因而被广泛应用。

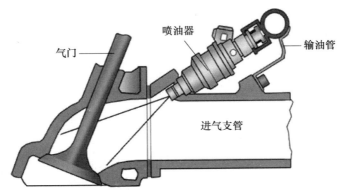

图 2-1-1　多点喷射系统

2. 按喷油方式分

(1)连续喷射系统。燃油喷射的时间占有全工作循环的时间,燃油喷在进气道里,而且大部分是在进气门关闭后喷射的,因此大部分燃油在进气道蒸发。现在已被淘汰。

(2)间歇喷射系统。在发动机运转期间汽油间歇喷射,每一个汽缸的喷射都有一个经过精确计算的喷射持续期,喷射是在进气过程的某段时间进行的。喷油量大小取决于喷射持续时间,也就是喷油器针阀开启时间,即 ECU 指令的

喷油脉冲宽度。因精确度高而被广泛应用。

3. 按喷射时序分

（1）同时喷射。这种喷射方式是各缸喷油器全部并联在一起,通过一条共同的控制电路和 ECU 连接而搭铁。在发动机的每个工作循环中,各缸喷油器同时喷油。这种喷射方式控制电路简单,成本低,但不能使各缸都得到良好的喷射时刻,会影响发动机的工作性能。丰田 HIACE 汽车的 2RZ—E 发动机即采用此种控制电路。这种控制方式逐渐被淘汰。

（2）分组喷射。这种喷射方式是将多缸发动机的喷油器分成 2~4 组,一般每 2 个喷油器为一组,分别通过一条控制电路和 ECU 连接。在发动机每个工作循环中,各组喷油器各自同时喷油一次,其控制电路如图 2-1-2 所示。该电路能使发动机得到较好的喷油正时,且配用的软件不复杂,故目前得到了广泛应用,如皇冠 3.0 轿车、丰田凌志轿车以及尼桑千里马(MAXIMA)轿车均采用此种电路。

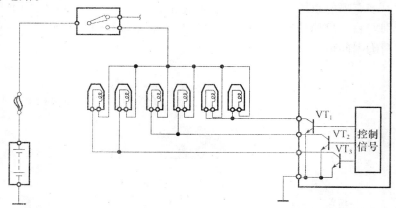

图 2-1-2　分组喷射喷油器控制电路

（3）顺序喷射。这种喷射方式的各缸喷油器分别由各自的控制电路与 ECU 连接,ECU 分别控制各个喷油器喷油。这种喷射方式得到广泛应用。其控制电路如图 2-1-3 所示。采用此种控制电路能让各缸得到准确的喷油正时,但其控制软件比较复杂、成本高,目前在高档车上广泛应用。随着电子技术的发展,顺序喷射方式将逐步取代其他喷油方式。

4. 按控制方式分

（1）开环控制。不装氧传感器的电控汽油喷射系统。在控制器与被控对象之间只有正向控制作用而没有反馈控制作用,即系统的输出量对控制量没有影响。由于其控制精度低,现逐渐被淘汰。

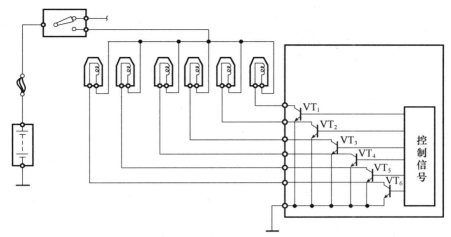

图 2 - 1 - 3　顺序喷射喷油器控制电路

（2）闭环控制。有氧传感器的电控汽油喷射系统。如图 2 - 1 - 4 所示。在控制器与被控对象之间,不仅存在着正向作用,而且存在着反馈作用,即系统的输出量对控制量有直接影响。

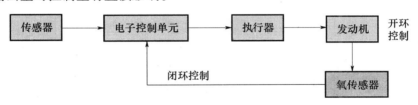

图 2 - 1 - 4　闭环控制系统

5. **按空气量检测方式分**

（1）间接检测式。采用进气歧管压力传感器检测进气压力,推算出进气量。这种系统称为 D 型电控汽油喷射系统。检测精度较低,但进气阻力小,充气效率高。

（2）直接检测式。采用空气流量计直接检测进气量。这种系统称为 L 型电控汽油喷射系统。检测精度高,可精确控制空燃比。

6. **按喷射位置分**

（1）缸外喷射。喷油器装在进气道上,把汽油喷射在进气道里。喷油器不受高温高压和发动机结构影响,设计较简单。目前国内外轿车发动机电控汽油喷射系统广泛采用缸外喷射。

（2）缸内喷射（直接喷射 GDI）。喷油器装在缸盖上,燃油直接喷到汽缸

55

内,有些燃烧稀混合气的轿车发动机电控汽油喷射系统采用,它与缸外汽油喷射电控系统相比具有高效、低油耗的优点。但喷油器必须承受高温、高压,且受到发动机结构制约。

二、汽油发动机电控燃油喷射系统组成与原理

电控汽油喷射系统(图2-1-5)由汽油供给系统、空气供给系统、电子控制系统三个子系统组成。

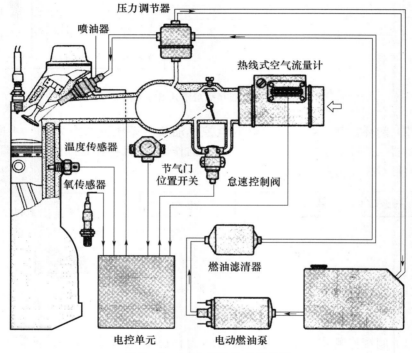

图2-1-5　电控汽油喷射系统

汽油供给系统的功用是向发动机提供各种工况下所需要的燃油量,由汽油箱、电动汽油泵、汽油滤清器、燃油分配管、油压调节器、喷油器和油管等组成。

空气供给系统的功用是测量和控制汽油燃烧时所需要的空气量,由空气滤清器、空气流量计(进气歧管压力传感器)、节气门体、进气管总管、进气歧管和怠速控制阀组成。

电子控制系统的功用是根据发动机运转状况和车辆运行情况确定汽油最佳喷射量,由各种传感器、ECU和执行器三部分组成。

工作时由空气由空气流量计(或进气歧管压力传感器)计量后,通过节气门体进入进气总管和进气歧管;燃油在电动汽油泵的作用下,从油箱泵出,经汽油滤清器、总油管和分配油管后,送至喷油器;各个传感器检测发动机运行状态,将发动机各种工况下的性能参数转换成电信号输给 ECU,由 ECU 分析处理后发出指令给喷油器,将燃油以雾状喷至各缸进气门前的进气歧管内,与空气混合进入汽缸。

任务二　空气供给系统认知与检修

【任务描述】

空气供给系统是电控燃油喷射系统的子系统之一,它用于检测和控制发动机进气量,并把进气量信号传给 ECU,作为计量燃油喷射量的主要依据。该任务主要学习空气供给系统整体构成和原理、系统中主要传感器的检测方法;能在发动机上认识系统及其主要部件,并能对其进行检测诊断。

【任务分析】

空气供给系统中除了有控制进气量的装置外,还有检测进气量的装置。根据测量空气流量的方式不同,进气系统主要有质量流量式的进气系统(用于 L – EFI 系统)和速度密度式的进气系统(用于 D – EFI 系统)。前者采用空气流量计直接检测进气量,后者则采用进气歧管压力传感器检测进气歧管压力,再由 ECU 计算出进气量。进气量是控制基本喷油量的信号。

【知识链接】

一、空气供给系统认知

空气供给系统的功用是测量和控制汽油燃烧时所需要的空气量,由空气滤清器、空气流量计(进气歧管压力传感器)、进气温度传感器、节气门体、节气门位置传感器、进气管总管、进气歧管和怠速控制阀组成(图 2 – 2 – 1)。空气流经空气滤清器后,进入进气总管到进气歧管。由驾驶员控制节气门以控制进气量,由空气流量计或进气歧管绝对压力传感器检测进气量。

二、主要部件认知与检测

1. 空气流量计

空气流量计的功用是直接检测进气量,按其结构和工作原理分为热线式、热膜式和卡门旋涡式三种。

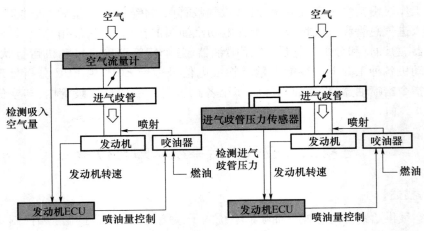

图 2 - 2 - 1　空气供给系统

1）热线式空气流量计

结构：如图 2 - 2 - 2 所示，进气道的两端有金属防护网，取样管置于进气道中间，管内架有一根极细的铂线（直径约为 0.07mm），铂线被电流加热至 120℃左右，故称为热线。在热线式空气流量计电路中，热线是惠斯顿电桥电路的一部分（图 2 - 2 - 3），混合集成控制电路调节电桥的电流，使电桥保持平衡。

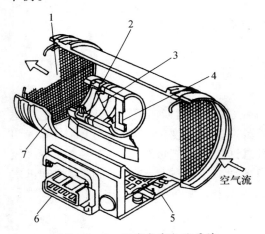

图 2 - 2 - 2　热线式空气流量计
1—金属防护网；2—取样管；3—铂线；4—温度补偿电阻；
5—控制电路板；6—电源插座；7—壳体。

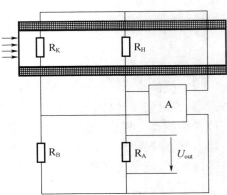

图 2 - 2 - 3　热线式空气流量计电路
A—混合集成电路；R_H—白金热线电阻；
R_K—温度补偿电阻；R_A—精度电阻；
R_B—电桥电阻。

原理:当空气通过流量计时,进入取样管的气流流过热线周围,使其冷却,温度下降,电阻随之减小。热线电阻 R_H 的减小使电桥失去平衡,此时混合集成控制电路会自动增加供给热线的电流,使热线恢复原来的温度和电阻值,直至电桥恢复平衡。混合集成控制电路所增加的电流大小取决于热线被冷却的程度,也就是取决于通过流量计的空气流量和流速。由于电流的增加,电阻的电压降也增加,这就将电流的变化转换为电压的变化。ECU 接收这个电压信号后计算出通过流量计的空气量。

ECU 具有对热线的自清洁功能。在每次发动机停止运转后,ECU 对热线进行通电,使热线温度达到 1000℃左右,时间 1~2s,以除去热线上的污物。

热线式空气流量计可靠、耐用,有自洁功能,不会因沾附污物而影响测量精度。

检测:空气流量计常见故障有热丝脏污或断路,电阻电路不良。造成后果是信号不准,发动机喷油量不准。混合气浓度不符合要求,从而可能引起发动机加速无力,怠速不稳,起动困难,油耗增加,排放污染严重等。

下面以丰田凯美瑞汽车发电动机热线式空气流量计为例说明其检测方法。电路如图 2-2-4 所示,空气流量计上三个端子,3 号端子是电源端,4 号端子是搭铁端,5 号端子是信号端。

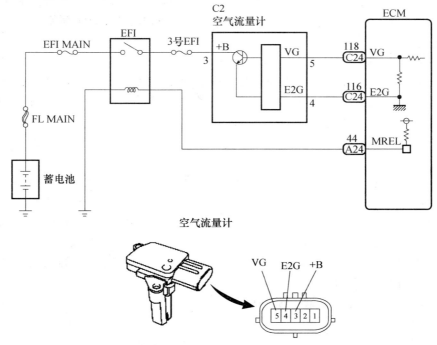

图 2-2-4　丰田凯美瑞汽车空气流量计电路图

（1）检查电源电压：拔下连接器，点火开关置 ON，用万用表检测端子 3 与车身搭铁之间电压。应为蓄电池电压，正常为 9~14V。

（2）检查输出信号电压：拔下连接器，拆下空气流量计；在端子 3 和 4 之间施加蓄电池电压。将万用表正极（＋）测试仪探头和端子 5 连接，将负极（－）测试仪探头与端子 4 连接。其标准电压值为 0.2~4.9V，可用风筒模拟进气量变化，随着进气量增加，电压增大。如其电压值不符，则须更换空气流量传感器。信号电压检测也可就车进行。

（3）检查导线是否短路或断路：装好空气流量计和连接器，点火开关置于 ON，检查空气流量计 4、5 号端子与 ECU 上相应端子间的电阻值，小于 1Ω 为正常，否则断路。检查端子 5 与车身搭铁电阻值，大于 10 kΩ 为正常，否则短路。

（4）检查自清洁功能：装好热线式空气流量传感器及其导线连接器，拆下此空气流量传感器的防尘网，起动发动机并加速到 2500r/min 以上。当发动机停转后 5s，从空气流量传感器进气口处，可以看到热线自动加热烧红（约 1000℃）约 1s。如无此现象发生，则须检查自清信号或更换空气流量传感器。

2）热膜式空气流量计

热膜式空气流量计的结构和测量原理与热线式空气流量计基本相同。它采用热膜代替热线式空气流量计中的铂丝。热膜式空气流量计的特点和热线式空气流量计相同，而且可靠、耐用，不会因沾附污物而影响测量精度。

3）卡门旋涡式空气流量计

卡门旋涡式空气流量计在进气道的正中间有一个锥形的涡流发生器。当空气流经涡流发生器时，在其后方的气流中会产生空气旋涡，这些旋涡的数量和移动的速度与空气流量和流速成正比。因此，通过测量单位时间内旋涡的数量就可计算出空气流速和流量。

测量单位时间内旋涡数量的方法有两种。一种是超声波检测式，另一种是反光镜检测式。

超声波检测式：在旋涡式空气流量计的后半部的两侧设置一对超声波发生器 3 和接收器 8（图 2-2-5）。在发动机运转时，超声波发生器 3 不断地向接收器 8 发出一定频率的超声波。当超声波通过进气气流到达接收器 8 时，由于受到气流中旋涡 6 的影响，使超声波频率的相位发生变化。接收器 8 测出这一相位的变化，ECU 根据相位变化的频率计算出单位时间内产生的旋涡 6 的数量，从而计算出空气流速和流量。

反光镜检测式：在流量计内设置一对发光二极管和光敏三极管（图 2-2-6）。发光二极管 8 发出的光束被一个反射镜 3 反射到光敏三极管 2 上，使光敏三极管 2 导通。反射镜 3 安装在一个很薄的金属板簧 4 上，板簧 4 在进气气流旋涡

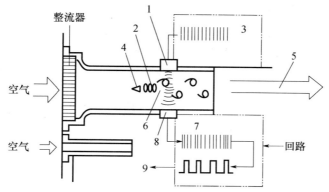

图 2 - 2 - 5　超声波检测式卡门旋涡式空气流量计

1—信号发射器;2—涡流稳定板;3—超声波发生器;

4—涡流发生器;5—通发动机;6—卡门旋涡;7—与涡流数对应的疏密声波;

8—接收器;9—接计算机。

的压力作用下产生振动,其振动频率与单位时间内产生的旋涡 5 数量相同。由于反射镜 3 随板簧 4 一起振动,因此被反射的光束方向也以相同的频率变化,致使光敏三极管 2 也随光束的变化以同样的频率导通和截止。这一频率直接反映出单位时间内旋涡 5 产生的数量,ECU 根据光敏三极管 2 导通和截止的频率即可计算出进气量。

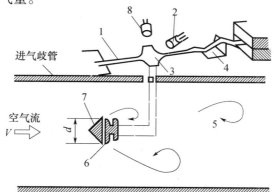

图 2 - 2 - 6　反光镜检测式卡门旋涡空气流量计

1—压力感应板;2—光敏三极管;3—反光镜;4—板簧;

5—卡门旋涡;6—导压式;7—旋涡发生器;8—发光二极管(LED)。

卡门旋涡式空气流量计的响应速度在几种空气流量计中是最快的,它能几乎同步地反映出空气流速的变化;此外,它还有测量精度高、进气阻力小、无磨损等优点,但成本较高。

下面以丰田凌志 LS400 车卡门涡旋式空气流量传感器为例介绍其检测诊断方法。其电路图如图 2-2-7 所示。传感器有三个端子电源端 V_c、信号端 KS、搭铁端 E_2,THA 和 E_1 端是进气温度传感器端子,与空气流量计在同一个连接器上。

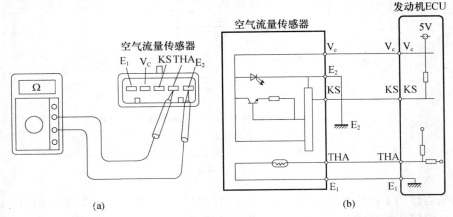

图 2-2-7　丰田凌志 LS400 车卡门涡旋式空气流量传感器与 ECU 的连接电路

（1）检查电源电压:拔下连接器,点火开关置于 ON,测量 V_c-E_1 间电压。4.5~5.5V 为正常。

（2）检查输出信号电压:插好空气流量传感器的导线连接器,检测端子 KS-E_1 间的电压。在怠速时有 2.0~4.0V 的脉冲电压为正常。

与上述的热线式一样,必要时也可检查导线的短路和断路情况,以及传感器搭铁是否良好。

【任务实施】

要求通过以下工作页,完成任务实施过程。任务实施过程分组进行,每组配一部车及一名指导老师,老师适当指导,由学生为主体讨论完成。

发动机电控系统 学习工作页				
学习项目:电控燃油喷射系统认知与检测 学习任务:空气供给系统认知与检测 任务实施:空气流量计认知与检测	姓名:		班级:	
	日期:		学号:第　　页	
一、任务 　　本任务是学习空气流量计,要求在汽车上找出该传感器,熟悉其结构与原理,并能对其进行检测,以判断是否正常。				

二、注意事项

1. 拔接传感器连接器时点火开关要置 OFF。

2. 起动发动机前要确保手刹拉好，变速杆在空挡（手动变速器）或 P 位（自动变速器），并高喊"发动机起动，请注意！"

3. 选择万用表正确挡位。

三、所用工具

数字式万用表

四、程序与步骤

1. 对要维修的汽车进行描述：

年份：_____ 制造商：_____ VIN：_____ 车型与排量：_____

2. 在车上找出空气流量计，其类型是：卡门漩涡式□ 热线式 □ 热膜式 □

3. 查手册，并在方框内画出你所测的空气流量计电路图，同时说明各端子符号和含义：

端子 1 _____

端子 2 _____

端子 3 _____

端子 4 _____

端子 5 _____

4. 电源电压检测：

点火开关置于 OFF，拔下连接器，点火开关置于 ON，测量线束端电源端子_____与车身搭铁间电压，测量值为_____，手册标准值为_____。电源电压是否正常　是□ 否□。

5. 信号电压检测：

（1）点火开关置于 OFF，插好连接器，点火开关置于 ON，检测信号端子_____与搭铁端子_____的电压，测量值为_____，手册标准值为_____。

（2）起动发动机，到稳定怠速运转时，检测信号端子_____与搭铁端子_____的电压，测量值为_____，手册标准值为_____。

（3）逐渐踩下节气门，增加进气量，直到节气门全开，检测打开过程信号端子_____与搭铁端子_____的电压，测量值为_____，手册标准值为_____。

根据以上测量结果，信号电压是否正常　是□ 否□。

6. 搭铁情况检测：

点火开关置于 OFF，拔下连接器，测量搭铁端子_____与车身搭铁间电阻，测量值为_____。搭铁是否良好　良好□，不良□。

7. 检测导线的通断情况：

举一例说明如何检测，写出其方法：_____

_____

_____

8. 根据以上检测结果，说明空气流量计正常与否：正常　是□ 否□。

【任务评价】

序号	评价指标	评价内容	分值	学生自评	小组评价	教师评价
1	传感器查找	是否正确	15			
2	类型与端子判断	是否正确	20			
3	检测方法	电源电压检测方法是否正确	15			
		信号电压检测方法是否正确	15			
		搭铁情况检查是否正确	15			
4	安全规范与提问	是否符合安全操作规范	10			
		回答问题是否准确	10			
总　　分			100			
问题记录和解决方法		记录任务实施中出现的问题和采取的解决方法(可附页)				

2. 进气歧管绝对压力传感器

进气歧管绝对压力传感器用于 D 型汽油喷射系统。它根据发动机的负荷状态测出进气歧管内绝对压力(真空度)的变化,并转换成电压信号,输送到电控单元(ECU),作为确定喷油器基本喷油量的依据。

结构:威驰半导体压敏电阻式进气歧管绝对压力传感器(图 2 – 2 – 8)主要由压力转换元件 5(硅膜片)和把转换元件输出信号进行放大的混合集成电路 4 组成。压力转换元件是利用半导体的压阻效应制成的硅膜片(如图 2 – 2 – 9 中的1)。硅膜片的一侧是真空室,另一侧与进气歧管相连,导入进气歧管压力。图 2 – 2 – 9 中硅膜片 1 的中央经光刻腐蚀成薄膜,薄膜周围有四个应变电阻,组成惠斯通电桥。

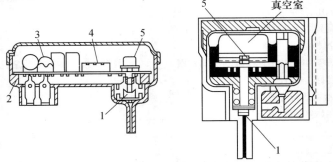

图 2 – 2 – 8　半导体压敏电阻式进气歧管绝对压力传感器

1—滤清器;2—塑料外壳;3—MFI 过滤器;4—混合集成电路;5—压力转换元件。

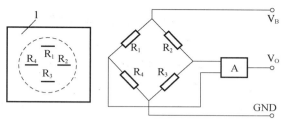

图 2 - 2 - 9 压力传感器压力转换元件

1—硅膜片；V_B—电源；Vo—输出；GND—搭铁。

原理：当进气歧管内绝对压力变化时，硅膜片 1 产生变形，附着在硅膜片 1 上的应变电阻的阻值与变形成正比例的关系，因此通过惠斯通电桥将硅膜片 1 的变形转化为电信号，经混合集成电路放大后输出给 ECU。进气歧管内绝对压力越高，硅膜片的变形越大，附着在薄膜上的应变电阻的阻值则产生与其变形量成正比的变化。这样就把进气歧管内压力的变化变换成电信号。

检测：威驰用半导体压敏电阻式进气歧管绝对压力传感器与 ECU 的连接电路如图 2 - 2 - 10 所示。

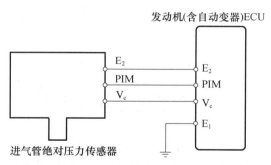

图 2 - 2 - 10 半导体压敏电阻式进气歧管绝对压力传感器与 ECU 的连接电路

（1）电源电压的检测：点火开关置于 OFF 位置，拔下进气歧管绝对压力传感器的导线连接器，然后将点火开关置于 ON 位置（不起动发动机），用万用表电压挡测量导线连接器中电源端 V_c 和接地端 E_2 之间的电压，其电压值应为 4.5～5.5V。如有异常，应检查进气歧管绝对压力传感器与 ECU 之间的线路是否导通。若断路，应更换或修理线束。

（2）信号输出电压的检测：将点火开关置于 ON 位置（不起动发动机），拆下连接进气歧管绝对压力传感器与进气歧管的真空软管（图 2 - 2 - 11）。在传感器连接器上（或 ECU 导线连接器侧，如图 2 - 2 - 12 所示）用万用表电压挡测量进气歧管绝对压力传感器 PIM - E$_2$ 端子间在大气压力状态下的输出电压,并记下这一电压值;然后用真空泵向进气歧管绝对压力传感器内施加真空,从 13.3kPa(100mmHg) 起,每次递增 13.3kPa(100mmHg),一直增加到 66.7kPa(500mmHg) 为止,然后测量在不同真空度下进气歧管压力传感器(PIM - E$_2$ 端子间)的输出电压。该电压能随真空度的增大而不断下降。将不同真空度下的输出电压下降量与标准值相比较,

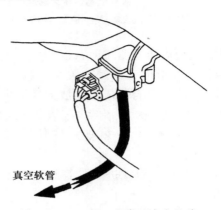

图 2 - 2 - 11　拆下传感器真空软管

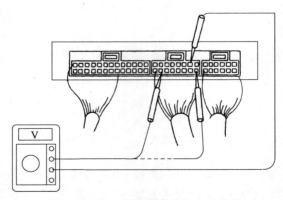

图 2 - 2 - 12　测量传感器输出的信号

【任务实施】

　　要求通过以下工作页,完成项目实施过程。项目实施过程分组进行,每组配一部车及一名指导老师,由指导老师设置故障后,由学生为主体讨论完成。

学习项目:电控燃油喷射系统认知与检测	姓名:_____	班级:_____
学习任务:空气供给系统认知与检测	日期:_____	学号:____第__页
任务实施:进气歧管压力传感器认知与检测		

一、任务

本任务是学习进气歧管绝对压力传感器,要求在汽车上找出该传感器,熟悉其结构与原理,并能对其进行检测,以判断是否正常。

二、注意事项

1. 拔接传感器连接器时点火开关要置于 OFF。

2. 起动发动机前要确保手刹拉好,变速杆在空挡(手动变速器)或 P 位(自动变速器),并高喊"发动机起动,请注意!"

3. 选择万用表正确挡位。

三、所用工具

数字式万用表

四、程序与步骤

1. 对要维修的汽车进行描述:

年份:_____制造商:_____ VIN:_____车型与排量:_____

2. 在车上找出进气压力传感器。

3. 查手册,并在方框内画出你所测的进气压力传感器电路图,同时说明各端子符号和含义:

端子 1 _____

端子 2 _____

端子 3 _____

4. 电源电压检测:

(1)在点开关处于 ON 的位置时,找到 5V 参考线路并测量电压,测量值:_____ V。

(2)如果参考线路没有供给规定的电压值,下一步应该检查什么内容? _____。

5. 在点火开关打开的前提下,在传感器接地线和蓄电池接地线之间连接电压表。记录读数:_____ V。这表明什么? _____。

6. 信号电压检测:

(1)找到 MAP 传感器信号线,在点火开关置于 ON 的前提下,在这根线路和接地线之间连接一个电压表。记录读数:_____ V,这表明什么? _____。

(2)在点开关处于 ON 的位置时,读取信号线路电压值:在 MAP 传感器真空接头上连接一个真空手动泵,并在传感器上作用 5inHg(或 100mmHg)的真空度。记录电压读数:_____ V。

(3)作用在 MAP 传感器上的真空度第 5inHg(或 100mmHg)为一个间隔,记录一个 MAP 传感器的电压值,一直到 25inHg(500mmHg)。

7. 这些测试结果说明什么? _____。

序号	评价指标	评价内容	分值	学生自评	小组评价	教师评价
1	传感器查找	是否正确	15			
2	类型与端子判断	是否正确	20			
3	检测方法	电源电压检测方法是否正确	15			
		信号电压检测方法是否正确	15			
		搭铁情况检查是否正确	15			
4	安全规范与提问	是否符合安全操作规范	10			
		回答问题是否准确	10			
总　分			100			
问题记录和解决方法		记录任务实施中出现的问题和采取的解决方法(可附页)				

3. 节气门体与节气门位置传感器

节气门体位于空气流量计之后的进气管上,它包括节气门3、节气门位置传感器1、怠速旁通气道和怠速调整螺钉2等(图2-2-13)。怠速控制阀、怠速空气阀等也安装在节气门体上。节气门由驾驶员通过加速踏板直接操纵或间接控制,以改变发动机的进气量,从而控制发动机的运转。

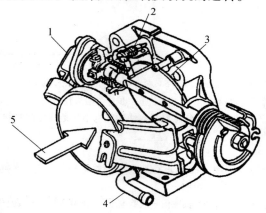

图 2-2-13　节气门体
1—节气门位置传感器;2—怠速调整螺钉;3—节气门;4—冷却水连接管;
5—从空气滤清器来的空气。

节气门位置传感器安装在节气门体上。节气门位置传感器的作用是测量节气门的开度大小,并将信号输送给 ECU,可以满足节气门不同开度状态的燃油喷射量控制。

节气门位置传感器通常有两种形式,一种是节气门位置信号成线性输出,称线性式;另一种是以开关量的形式输出,称作接触开关式。

1)线性式节气门位置传感器

结构:图 2-2-14(a)所示为线性式节气门位置传感器的结构图,传感器有两个同节气门联动的可动电刷触点,一个触点可在位于基板上的电阻体上滑动,利用电阻值的变化,测量与节气门开度相对应的线性输出电压,根据输出的电压值,ECU 则可知道节气门的开度。但是,与节气门开度相对应的电阻体的电阻值,多少都存在偏差,因此影响了节气门开度检测的准确性。为了能够准确检测节气门的全关闭状态,另外设一个怠速触点 IDL,它只在节气处于全关闭状态时才被接通。

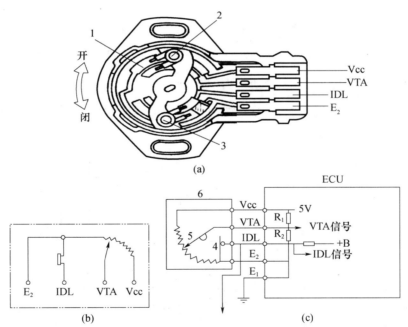

图 2-2-14 线性式节气门位置传感器的结构

(a)构造;(b)内部电路;(c)与 ECU 的连接电路。

1—电阻体;2—检测节气门开度用的电刷;3—检测节气门全闭的电刷;Vcc—电源端子;
VTA—节气门开度输出端子;IDL—怠速触点;E₂—地线;4—怠速触点开关;
5—滑动触头;6—节气门位置传感器。

原理:图2-2-14(c)所示是线性输出节气门位置传感器与ECU的连接。当在"4"的位置时,怠速触点IDL开关闭合,传感器输出为0V;滑动触头由节气门轴带动,当节气门打开时,即有电压输出,随着节气门开度增加,电压增大,全开时输出5V电压。这里的怠速触点信号(IDL)主要用于断油控制和点火提前的修正。图2-2-15所示是线性式节气门位置传感器输出特性。

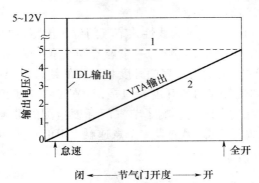

图2-2-15 线性式节气门位置传感器输出特性
1—怠速信号(IDL端子输出);2—节气门开度信号(VTA端子输出)。

检测:以丰田3ZZ-FE发动机为例。图2-2-16是该发动机节气门位置传感器与ECU的连接图。Vc是电源端,VTA是信号端,E_2是搭铁端。

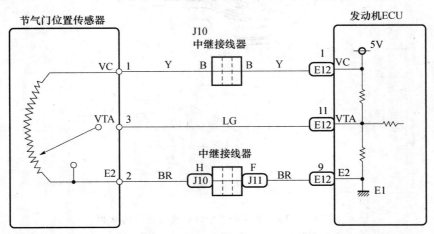

图2-2-16 丰田3ZZ-FE发动机节气门位置传感器电路图

(1)电源电压检测:拔下连接器,点火开关置于ON,检测 $Vc-E_2$ 间电压,应为5V左右。

（2）信号电压检测：接上连接器，点火开关置于 ON，检测 VTA - E_2 间电压，应随节气门开度增大而线性增大；节气门全关时为 0.7V 左右，全开时为 3.5~5.0V。

（3）电阻检测：点火开关置于 OFF，拔下连接器，检测 1-2 端子间电阻，为 2.5~5.9kΩ；1-3 端子间电阻在节气门全闭时为 0.2~5.7kΩ，节气门全开时为 2.0~10.2kΩ。

2）开关式节气门位置传感器

结构：图 2-2-17(a)、(b)所示是开关式节气门位置传感器的结构图，它主要由可动触点和两个定触点（功率触点和怠速触点）构成。可动触点可沿导向凸轮沟槽移动，导向凸轮由固定在节气门轴上的控制杆驱动。

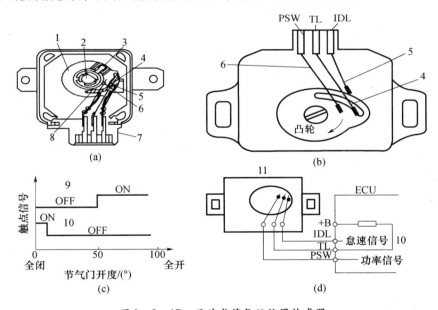

图 2-2-17　开关式节气门位置传感器
（a）结构图；（b）结构简图；（c）输出特性；（d）与 ECU 的连接电路。
1—导向凸轮；2—节气门轴；3—控制杆；4—可动触点；5—怠速触点；6—全开触点（功率触点）；
7—导线插头；8—导向凸轮槽；9—全开触点信号；10—怠速触点信号；11—节气门位置传感器。

原理：节气门全关闭时，可动触点 4 与怠速触点 5 接触，检测节气门的全关闭状态，当节气门开度达到 80% 以上时，可动触点 4 与功率触点 6 接触，检测节气门大开度状态；在中间开度时，可动触点与任一触点都不接触，无检测信号。

图 2 - 2 - 17(c)所示是开关式节气门位置传感器的输出特性。

图 2 - 2 - 17(d)所示是开关式节气门位置传感器与 ECU 的连接电路。不踏加速踏板时,电源向 ECU 的怠速端子(IDL)供给电压。在高负荷时,全开触点(功率触点)处于闭合状态,电源向 ECU 的功率端子(PSW)施加电压(可判定踏下加速踏板)。

开关式节气门位置传感器与上述线性节气门位置传感器相比,节气门开度的检测性差,但结构简单,价格便宜。

【任务实施】

要求通过以下工作页,完成项目实施过程。项目实施过程分组进行,每组配一部车及一名指导老师,由指导老师设置故障后,由学生为主体讨论完成。

发动机电控系统 学习工作页		
学习项目:电控燃油喷射系统认知与检测 学习任务:空气供给系统认知与检测 任务实施:节气门位置传感器认知与检测	姓名:_____ 日期:_____	班级:_____ 学号:____ 第__页

一、任务

本任务是学习节气门位置传感器,要求在汽车上找出该传感器,熟悉其结构与原理,并能对其进行检测,以判断是否正常。

二、注意事项

1. 拔接传感器连接器时点火开关要置于 OFF。

2. 起动发动机前要确保手刹拉好,变速杆在空挡(手动变速器)或 P 位(自动变速器),并高喊"发动机起动,请注意!"

3. 选择万用表正确挡位。

三、所用工具

数字式万用表

四、程序与步骤

1. 对要维修的汽车进行描述:

年份:_____制造商:_____ VIN:_____车型与排量_____。

2. 在车上找出节气门位置传感器,其类型是: 线性式□ 开关式 □

3. 查手册,并在方框内画出你所测的节气门位置传感器电路图,同时说明各端子符号和含义:

端子 1 _____

端子 2 _____

端子 3 _____

端子 4 _____

5. 电源电压检测：

（1）在点开关处于 ON 的位置时，找到参考线路并测量电压，测量值_____ V。标准值_____ V。

（2）如果测出的电源电压值不对，下一步应该检查什么内容？ _____。

6. 信号电压检测：

（1）找到传感器信号线，在点火开关 ON 的前提下，当节气门关闭从传感器输出的电压_____ V。

（2）当节气门打开从传感器输出的电压是_____ V。

（3）将节气门从关闭状态打开到完全开启状态然后再慢慢地关闭。描述万用表的动作。

_____

_____

电阻检测：点火开关 OFF，断开连接器。

（1）检查电源端_____与搭铁端_____电阻，测量值为_____，标准值为_____。

（2）检查电源端_____与信号端_____电阻，测量值为_____，标准值为_____。

7. 总结所有的检测结果。

【任务评价】

序号	评价指标	评价内容	分值	学生自评	小组评价	教师评价
1	传感器查找	是否正确	15			
2	类型与端子判断	是否正确	20			
3	检测方法	电源电压检测方法是否正确	15			
		信号电压检测方法是否正确	15			
		搭铁情况检查是否正确	15			
4	安全规范与提问	是否符合安全操作规范	10			
		回答问题是否准确	10			
总 分			100			
问题记录和解决方法			记录任务实施中出现的问题和采取的解决方法（可附页）			

4. 进气温度传感器

进气温度传感器安装在进气管上，L 型 EFI 系统通常与空气流量计安装在一起。用于检测进入发动机的空气温度，作为 ECU 准确计算进气量，修正喷油量和点火正时的信号。

结构：进气温度传感器结构如图 2－2－18 所示，主要由封闭在环氧树脂内的对温度变化非常敏感的热敏电阻 3 构成，是一个负温度系数的热敏电阻。即当温度升高时，电阻值下降。

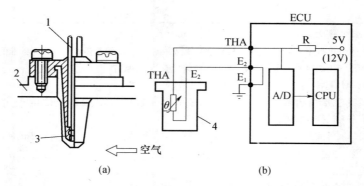

图 2 – 2 – 18　进气温度传感器剖视图及与 ECU 的连接电路

(a)进气温度传感器剖视图;(b)进气温度传感器与 ECU 的连接电路。

1—导线;2—空气流量计壳体;3—热敏电阻;4—进气温度传感器。

原理:进气温度传感器与 ECU 的连接如图 2 – 2 – 18(b)所示。ECU 中 5V 的电源电压通过电阻器 R 从端子 THA 加到进气温度传感器上(电阻器 R 和进气温度传感器串接)。当进气温度变化时,进气温度传感器热敏电阻的电阻值也随之变化,端子 THA 的电位也变化,ECU 据此信号,修正燃油喷射量。

进气温度传感器在任何情况下都起作用,根据进气温度,由 ECU 控制喷油器进行不同程度的额外喷油。当气温低于 40℃时,额外喷油量较多;当气温高于 40℃时则额外喷油量较少。

检测:各种发动机进气温度传感器检测方法基本相同。

1)电阻检测

点火开关置于 OFF,拔下进气温度传感器导线连接器,并将传感器拆下,如图 2 – 2 – 19 所示,放在烧杯中以热水加热进气温度传感器(也可用电热吹风器、红外线灯照等)。用万用表电阻挡测量在不同温度下两端子间的电阻值,将测得的电阻值与标准数值进行比较。如果与标准值不符,则应更换。电阻值随温度变化曲线如图 2 – 2 – 19 所示。

2)信号电压检测

其电路图如 2 – 2 – 18(b)所示。拔下进气温度传感器导线连接器,点火开关置于 ON,测量 THA 端子与 E_2 端子间的电压,应为 5V。

若无电压,则应检查 ECU 连接器的 THA 端子与 E_2 端子间电压,若有 5V 电压则说明 ECU 与传感器之间连接线有故障,应检查连线电阻看是否断路或短路;若无电压则说明 ECU 故障。

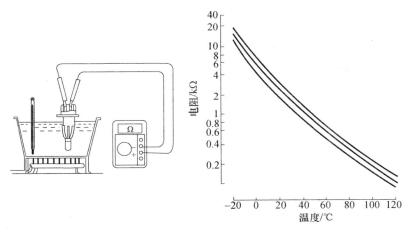

图 2 - 2 - 19　进气温度传感器电阻检测

若有电压,则插回连接器,起动发动机,测量传感器两个端子在不同温度下的电压值,应随温度升高而下降,在 0.1 ~ 4.5V 之间变化(车型不同略有差异,但变化规律是相同的)。如果电压值与规定不符或不变,则应更换进气温度传感器。

5. 冷却液温度传感器

冷却液温度传感器一般安装在发动机出水口附近,它的功用是检测发动机冷却液温度,并向 ECU 输送信号,以修正喷油量。

结构:冷却液温度传感器的结构如图 2 - 2 - 20(a)所示,它和进气温度传感器一样,主要部分也是热敏电阻,利用电阻值的变化来检测冷却液的温度。热敏电阻的特性如图 2 - 2 - 20(b)所示,冷却液温度越低电阻值越大,反之越小。

原理:冷却水温度传感器与 ECU 的连接电路如图 2 - 2 - 20(c)所示。

ECU 中 5V 的电源电压通过电阻器 R 从端子 THW 加到冷却液温度传感器上(电阻器 R 和水温传感器串接)。当冷却液温度传感器的电阻值随冷却液温度改变时,端子 THW 的电位也变化,据此信号,ECU 增减燃油喷射量,以改善发动机冷态的运转性。

当在外界环境温度较低的条件下起动发动机时,这时冷却液温度传感器的热敏电阻阻值较大,此时 ECU 接收到低温信号,给喷油器提供较多额外喷油的指令,使喷油器多喷油,当发动机冷却液的温度逐渐升高,热敏电阻的阻值逐渐减小,从而控制单元控制喷油器逐渐减少额外喷油。如果发动机冷却液的温度达到 80℃ 以上时,冷却液温度传感器热敏电阻的电阻值约为 0.4kΩ,此时 ECU 控制喷油器进行正常喷油而不额外喷油,发动机进入正常工作状态。

冷却液温度传感器检测方法与进气温度传感器相同。

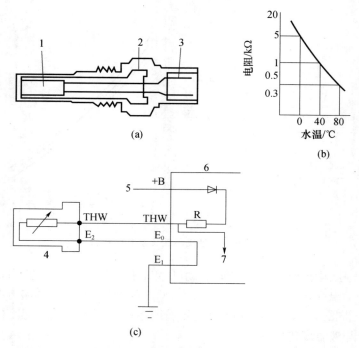

图 2-2-20　冷却水温度传感器结构、特性及与 ECU 的连接电路

（a）水温传感器结构；（b）水温传感器特性；（c）与 ECU 连接电路。

1—NTC 电阻；2—外壳；3—电线接头；4—冷却水温度传感器；5—接蓄电池端；

6—电控单元（ECU）；7—水温信号。

【任务实施】

要求通过以下工作页，完成项目实施过程。项目实施过程分组进行，每组配一部车及一名指导老师，由指导老师设置故障后，由学生为主体讨论完成。

发动机电控系统 学习工作页			
学习项目:电控燃油喷射系统认知与检测 学习任务:空气供给系统认知与检测 任务实施:温度传感器认知与检测	姓名:_____ 日期:_____	班级:_____ 学号:_____ 第__页	
一、任务 　本任务是学习温度传感器,要求在汽车上找出进气温度传感器和冷却液温度传感器,熟悉其结构与原理,并能对其进行检测,以判断是否正常。			

二、注意事项

　　1. 拔接传感器连接器时点火开关要置于 OFF。

　　2. 起动发动机前要确保手刹拉好，变速杆在空挡（手动变速器）或 P 位（自动变速器），并高喊"发动机起动，请注意！"

　　3. 选择万用表正确挡位。

三、所用工具

　　数字式万用表

四、程序与步骤

　　1. 对要维修的汽车进行描述：

　　年份：_____制造商：_____ VIN：_____ 车型与排量_____。

　　2. 在车上找出温度传感器。进气温度传感器位于_____上；冷却液温度传感器位于_____上。

　　3. 查手册，并在方框内画出你所测的进气温度传感器电路图，同时说明各端子符号和含义：

　　端子 THA _____

　　端子 E_2_____

　　4. THA 端子是_____号端子，导线为_____色。

　　E_2 端子是_____号端子，导线为_____色。

　　5. 电阻检测：

　　（1）点火开关置于 OFF，断开进气温度传感器导线连接器，测量传感器两个端子之间电阻。测量值为_____，标准值为_____。

　　（2）加热传感器后，再次测量其电阻值，测量值为_____，说明_____。

　　6. 电源电压检测：

　　（1）断开进气温度传感器导线连接器，点火开关置于 ON，测量 THA 端子与 E_2 端子间的电压，测量值_____ V，标准值_____ V。正常 □　不正常　□

　　（2）如果测出的电压值不对，下一步应该检查什么内容？_____
_____。

　　7. 信号电压检测：

　　接上导线连接器，起动发动机，测量传感器 THA 端子与 E_2 端子间在不同温度下的电压值，刚起动时测量值_____ V，起动 1min 后测量值_____ V，起动 2min 后测量值_____ V，起动 3min 后测量值_____ V，起动 5min 后测量值_____ V，对照手册标准值，并从记录的以上测量值说明_____。
_____。

　　8. 总结所有的检测结果。

_____。

_____。

_____。

序号	评价指标	评 价 内 容	分值	学生自评	小组评价	教师评价
1	传感器查找	是否正确	15			
2	端子判断与解释	是否正确	20			
3	检测方法	电源电压检测方法是否正确	15			
		信号电压检测方法是否正确	15			
		电阻情况检查是否正确	15			
4	安全规范与提问	是否符合安全操作规范	10			
		回答问题是否准确	10			
总　　分			100			
问题记录和解决方法			记录任务实施中出现的问题和采取的解决方法(可附页)			

任务三　燃油供给系统认知与检修

【任务描述】

燃油供给系统是电控燃油喷射系统的子系统之一,它的功用是向各个汽缸供给各种工况下燃烧所需的燃油。该任务主要学习燃油供给系统整体构成和原理、系统中的主要部件及电路的检测方法;能在发动机上认识系统及其主要部件,并能对其进行检测诊断。

【任务分析】

燃油供给系统中有机械部件和电控部件,本任务主要对系统做总体介绍,并重点对电控部件的结构和原理进行分析,对电控部件及其电路进行分析和检测诊断,以判断和排除该系统引起的发动机故障。

【知识链接】

一、燃油供给系统认知

在电控汽油机系统中,燃油系统主要包括汽油箱、燃油泵、燃油滤清器、燃油压力调节器、喷油器、输送管、脉冲缓冲器等,如图 2-3-1 所示。

电动燃油泵将汽油从油箱泵出,经过燃油滤清器后再经压力调节器调压,

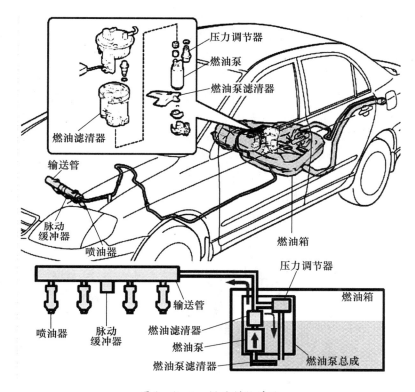

图 2 - 3 - 1　燃油供给系统

然后经输油管配送给各个喷油器,喷油器根据 ECU 发来的喷射信号,把适量汽油喷射到进气歧管中,与进气歧管的空气进行混合,形成可燃混合气进入汽缸。

当油路压力超过规定值时,压力调节器工作,多余的汽油返回油箱,从而保证送给喷油器的燃油压力不变。

二、主要部件认知与检测

1. 电动燃油泵

电动汽油泵是一种由小型直流电动机驱动的油泵,它的功用是从油箱吸入汽油,加压 250～300kPa 后通过喷油器供给发动机。从结构形式分,电动汽油泵主要有滚柱式、齿轮式和涡轮式三种,目前最常用的是涡轮式。

电动汽油泵一般都安装在汽车的油箱内。油箱内安装的电动汽油泵安装管路简单,还可以利用燃油对电动机进行润滑和冷却,不容易产生气阻和漏油现象,且噪声小。

1）燃油泵结构与原理

涡轮式电动燃油泵的结构如图2-3-2所示,它由永磁式直流电动机、涡轮泵、单向止回阀、限压阀和泵体等组成。

当电动机电路接通时,电枢受磁力作用而转动,泵中的涡轮便随电动机一起转动,位于涡轮外围的叶片沟槽前后因液体的摩擦作用产生压力差,由于很多叶片沟槽产生的压力差循环往复而使燃油升压。升压后的燃油,通过电动机经单向阀从出油口排出;当电动机断电时,燃油泵停止工作,单向阀在弹簧作用下关闭,阻止燃油倒流,保证管路中有一定的残余压力,这对下一次起动有利。

涡轮式燃油泵结构简单,泵油压力高(可达600kPa以上)且压力波动小,磨损小,噪声小,得以广泛使用。

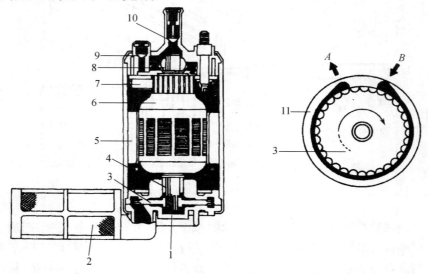

图2-3-2　涡轮式电动汽油泵

1—橡胶缓冲垫;2—滤网;3—涡轮;4、8—轴承;5—永久磁铁;6—电枢;7—炭刷;
9—限压阀;10—单向止回阀;11—泵体。

2）燃油泵的控制

电动燃油泵控制的基本要求是:当点火开关接通后,控制单元控制油泵工作2~5s,以建立必需的油压,此时若不起动发动机,控制单元将切断油泵控制电路,燃油泵不再工作。在发动机起动过程和运转过程中,控制单元将控制燃油泵保持正常运转,供应压力油。

（1）燃油泵的基本控制电路,如图2-3-3所示。

当点火开关置于ON时,EFI继电器接通。

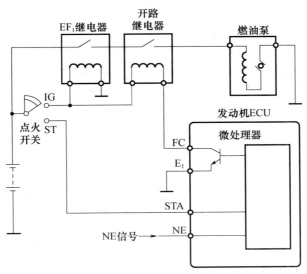

图 2-3-3 燃油泵基本控制电路

点火开关位于 STA 位置时,发动机起动,从点火开关的 STA 端子会传递一个起动信号给 ECU,ECU 内部晶体管接通,通过 FC 端使开路继电器闭合,燃油泵工作。

发动机运转时,曲轴位置传感器信号 NE 传送给 ECU,ECU 内部晶体管依然接通,通过 FC 端使开路继电器闭合,燃油泵工作。

发动机停机时,ECU 接收不到 NE 信号,内部晶体管关闭,开路继电器断开,燃油泵停止工作。

(2)燃油泵的速度控制电路。在发动机高速、大负荷工况下,用油量大,需要提高油泵转速以增加泵油量;在发动机低速、中小负荷工况下,用油量少燃油泵应降低转速以减少磨损和不必要的电能消耗。为此,有的发动机对燃油泵实行速度控制,其控制电路图如图 2-3-4 所示,主要是在基本控制电路图中增加一个燃油泵控制继电器和一个电阻。

当电流经燃油泵控制继电器的触点 B 时,则要经过电阻再流入燃油泵,这时油泵低速运转;当电流经燃油泵控制继电器的触点 A 时,则直接流入燃油泵,这时燃油泵高速运转。燃油泵控制继电器由 ECU 根据发动机工况控制。

3)燃油泵及其控制电路的检测

以丰田威驰轿车燃油泵及其控制电路为例介绍其检测方法。其油泵控制电路如图 2-3-5 所示。

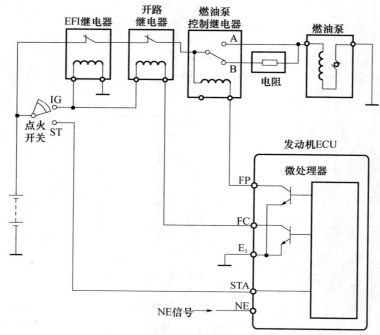

图 2-3-4 燃油泵转速控制电路

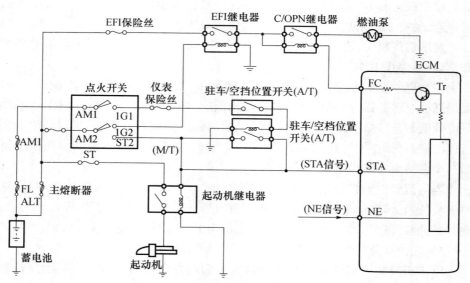

图 2-3-5 威驰轿车燃油泵控制电路图

（1）用跨接线短接燃油泵继电器(C/OPN 继电器)，打开点火开关(发动机不起动)。打开油箱盖仔细听有无燃油泵运转的声音或用手触摸油管有无油压脉动。

（2）若燃油泵不运转，应拆下跨接线。检查电源电压、主熔断器、EFI 熔断器、EFI 主继电器是否正常；电路、连接器有无断路或短路，若正常，应拆检燃油泵。

燃油泵的检测：测量燃油泵连接器两端子之间的电阻值(注意测试时间不可过长，以免烧坏线圈)，一般为 0.5～3Ω。

如果电阻值不符，说明电动机线圈有短路、断路或炭刷接触不良的故障，应更换燃油泵。

如果电阻值正常，可将燃油泵直接接在蓄电池上进行运转试验。如果燃油泵不能转动或转动缓慢、转速不匀，说明燃油泵有故障，应予更换。注意：在运转试验时，通电时间不可超过 10s，防止在没有燃油对油泵电动机进行润滑的情况下，长时间运转造成油泵电动机的过热损坏。

（3）若燃油泵运转，说明燃油泵继电器、PCM 及导线、连接器等不良，应分别进行检查。

PCM 的检查：测量各端子的电压，应符合厂家的要求，否则应更换。

燃油泵继电器检查：拔下燃油泵继电器，如图 2-3-6 所示，测量各端子之间的电阻以检查通断情况。如表 2-3-1 所示为正常。

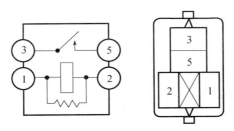

图 2-3-6　油泵继电器

表 2-3-1　油泵继电器标准值

端子号	条件	规定条件
1-2	不变	导通
3-5	通常	不导通
	端子 1-2 之间加蓄电池电压	导通

【任务实施】

要求通过以下工作页,完成任务实施过程。任务实施过程分组进行,每组配一部车及一名指导老师,老师适当指导,由学生为主体讨论完成。

发动机电控系统 学习工作页		
学习项目:电控燃油喷射系统认知与检测 学习任务:燃油供给系统认知与检测 任务实施:燃油泵及其控制电路认知与检测	姓名:_____ 日期:_____	班级:_____ 学号:_____第___页

一、任务

本任务是学习燃油泵及其控制电路,要求在汽车上找出燃油泵,熟悉其结构与原理,并能对其和电路进行检测,以判断是否正常。

二、注意事项

1. 拔接连接器时点火开关要置于 OFF。

2. 在燃油泵运转试验时,通电时间不可超过 10s。

3. 选择万用表正确挡位。

三、所用工具

数字式万用表

四、程序与步骤

1. 对要维修的汽车进行描述:

年份:_____制造商:_____ VIN:_____车型与排量:_____

2. 画出你所检修车辆燃油泵控制电路图:

3. 在汽车上找到燃油泵,它位于_____。

4. 点火开关置于 ON,判断此时油泵是否运行 3~5s:是 □ 否 □,说明_____。

5. 检测油泵是否工作。

(1)检测燃油泵电阻:点火开关置_____,拆下燃油泵连接器,用万用表测量连接器插座_____间的电阻,应为_____,测量值是_____。

(2)检测搭铁线:点火开关置_____,拆下燃油泵连接器,用万用表测量连接器插头_____间的电阻,应为_____;测量值是_____。

(3)检测控制线:点火开关置_____,用万用表测量连接器插头_____间的电压,应为_____,测量值是_____。

结论_____

_____

_____

_____。

【任务评价】

序号	评价指标	评 价 内 容	分值	学生自评	小组评价	教师评价
1	燃油泵查找	是否正确	15			
2	类型与端子判断	是否正确	20			
3	检测方法	电阻检测方法是否正确	15			
		控制电压检测方法是否正确	15			
		搭铁情况检查是否正确	15			
4	安全规范与提问	是否符合安全操作规范	10			
		回答问题是否准确	10			
总 分			100			
问题记录和解决方法		记录任务实施中出现的问题和采取的解决方法(可附页)				

2. 喷油器

喷油器是电控发动机燃油喷射系统中的主要执行器,它接收 ECU 的喷油指令并将燃油喷入进气歧管或汽缸。目前发动机采用的多是轴针式电磁喷油器。

1)喷油器结构与原理

轴针式喷油器的结构如图 2 – 3 – 7 所示,它由滤网 1、电源插座 2、电磁线圈 3、复位弹簧 4、衔铁 5 和针阀 6 等组成。采用缸外喷射的喷油器安装在缸盖的进气道上,喷嘴朝向进气门。

其工作原理是:ECU 的喷油控制信号将喷油器与电路接通后,电磁线圈 3 通电并产生磁场,吸引衔铁 5 朝上移动,在衔铁 5 的带动下针阀 6 克服了弹簧 4 而打开喷嘴,一定压力的燃油以雾状喷入进气道。当 ECU 将电路切断时,电磁力消失,弹簧 4 使针阀 6 关闭,喷射停止。ECU 利用电脉冲的宽度来控制喷油器每次打开喷油的时间,从而控制喷油量。一般喷油器每次打开喷油的时间约为 2 ~ 10ms。时间越长,喷油量就越大。

喷油器按电磁线圈的控制方式不同,可分为电压驱动式和电流驱动式两种。

电压驱动是指 ECU 驱动喷油器喷油的电脉冲的电压是恒定的,这种喷油器又可分为高阻抗型和低阻抗型两种。低阻抗型喷油器是用 5 ~ 6V 的电压驱动;其电磁线圈的电阻较小,约 2 ~ 5Ω,不能与 12V 电源直接连接,否则会烧坏电磁线圈。高阻抗型喷油器是用 12V 电压驱动;其电磁线圈电阻较大,约为 13 ~ 18Ω,可与直接 12V 电源连接。

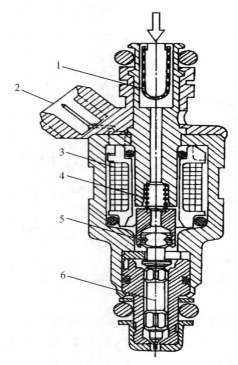

图 2 - 3 - 7　轴针式喷油器

1—滤网;2—电源插座;3—电磁线圈;4—复位弹簧;5—衔铁;6—针阀。

　　电流驱动式喷油器的驱动电脉冲开始时是一个较大的电流,使电磁线圈产生较大的吸力,以打开针阀,然后再用较小的电流保持针阀的开启。这种喷油器一般为低阻抗型。

　　2)喷油器的控制

　　喷油器由控制单元控制,其控制电路可分为同时喷射、分组喷射和顺序喷射。

　　(1)同时喷射。如图 2 - 3 - 8 所示为同时喷射喷油器控制电路,所有的喷油器全部并联,由 ECU 控制同时搭铁,各喷油器同时喷油。一般是曲轴转一圈喷油一次,一个工作循环喷油两次,燃油在进气歧管与空气混合后,在进气门打开时进入汽缸。

　　这种控制电路简单,成本低,但不能使各缸都得到良好的喷射时刻,会影响发动机的工作性能。丰田 HIACE 汽车的 2RZ—E 发动机即采用此种控制电路。

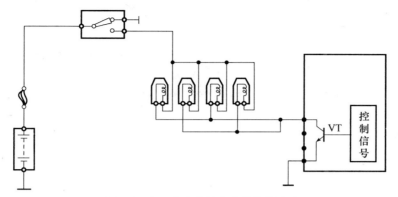

图 2 - 3 - 8　同时喷射喷油器控制电路

（2）分组喷射。分组喷射是将喷油器分成 2～4 组，ECU 控制各组喷油器轮流喷射。其控制电路如图 2 - 3 - 9 所示。该电路能使发动机得到较好的喷油正时，且配用的软件不复杂，故目前许多汽车采用这种控制，如皇冠 3.0 轿车、丰田凌志轿车以及尼桑千里马（MAXIMA）轿车均采用此种电路。

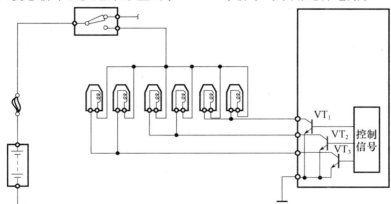

图 2 - 3 - 9　分组喷射喷油器控制电路

（3）顺序喷射。顺序喷射是指 ECU 控制各缸喷油器按各缸的工作顺序单独轮流喷油。其控制电路如图 2 - 3 - 10 所示。采用此种控制电路能让各缸得到准确的喷油正时，但其控制软件比较复杂、成本较高，早期一般在高档车上应用，但随着电子技术的发展，顺序喷射方式逐步取代其他喷油方式，目前多数汽车已经采用。

也有的汽车在不同时候采用不同喷油控制方式。如日产阳光 B14 轿车 GA16DE 发动机采用顺序喷射和同时喷射两种喷油正时方案。当发动机正常

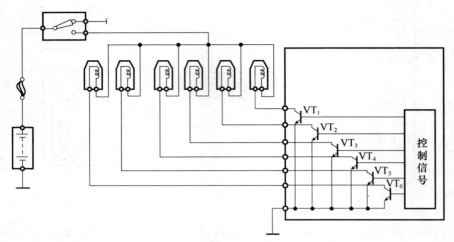

图 2 – 3 – 10　顺序喷射喷油器控制电路

运转时,采用顺序喷射的喷油正时方案,在发动机的一个工作循环中,根据点火顺序使对应各缸的喷油器依次喷油。在发动机起动过程中及微电脑的故障保护系统(跛行回家功能)起作用时,采用同时喷射的喷油正时方案,在发动机的每一工作循环时,向所有气缸同时喷油两次,即微电脑同时向各喷油器发出相同脉宽的喷油脉冲两次,使所有喷油器在一个发动机工作循环中喷两次油。

3)喷油量的控制

喷油量的控制其实就是喷油器喷油持续时间的控制,即控制单元 ECU 对喷油器提供的脉冲信号宽度(简称喷油脉宽)进行控制。

(1)燃油喷射时间的计算:

$$燃油喷射时间 = 基本燃油喷射时间 + 校正喷射时间$$

基本燃油喷射时间通过进入的空气量和发动机转速确定;校正喷射时间取决于各传感器的信号,包括起动加浓、预热加浓、空燃比反馈校正、加速加浓、燃油切断、功率加浓、进气温度校正和电压校正等。

(2)各种校正信号。

① 起动加浓。在发动机起动时,由于发动机转速低,吸入汽缸的空气量较少,空气流量计的检测精度低,因此起动时不把空气量信号作为喷油控制依据,而是根据发动机冷却液温度、进气温度和起动转速来确定。

如果起动发动机时环境温度很低,属于冷起动,ECU 会按冷起动工况进行控制,延长各缸喷油器喷油时间,以得到起动时所需的混合气浓度(过量空气系数为 0.2 ~ 0.3),弥补燃油冷凝而造成的混合气过稀,使发动机便于起动。

88

如果发动机高温熄火时,高温的发动机就会成为加热汽油的热源,并且有可能使汽油温度上升到80~100℃。一旦汽油温度上升到这样高的温度,喷油器内的汽油就会沸腾,产生汽油蒸汽。此时,若发动机起动,则喷油器的喷油量就会因汽油中含有汽油蒸汽而减小,从而使混合气变稀。因此,在高温起动时,也应增大喷油时间,以解决因汽油蒸汽存在而引起的混合气变稀的问题。一般是当冷却水温度上到设定值(100℃)以上时,增大喷油量。

② 预热加浓。在发动机低温起动结束后的预热过程中,发动机温度仍然较低,燃油与空气的混合仍然不十分均匀,仍有一部分较大的油滴会凝结在较冷的进气管道及气缸壁面上,进而导致混合气较稀,因此在预热过程中仍需额外增加喷油量以加浓混合气。预热增量比的大小取决于发动机冷却液温度传感器测得的发动机温度。当发动机温度升高到80℃时,暖机过程结束,增量比变为1。

③ 空燃比反馈控制。当发动机负荷或转速没有较大的波动,如发动机预热后的怠速或以恒定速度行驶时,此时根据气缸进气量的多少而供给燃油(接近理论空燃比值14.7:1),使用氧传感器进行反馈控制。

发动机 ECU 决定了基本喷射时间以达到理论上的空燃比值,但是要与发动机的实际工作条件保持一致,便有可能出现实际空燃比偏离理论空燃比的情况。因此,根据氧传感器信号来确定在此时的燃油喷射时间是否达到了空燃比的理论值。如果发动机 ECU 从氧传感器信号判定空燃比高于理论值,它会增加喷射时间产生较浓的混合气;如果发动机 ECU 从氧传感器信号判定空燃比低于理论值,它会减少喷射时间产生较稀的混合气。

反馈控制不断进行较小的校正,使得空燃比保持在理论值附近,此为闭环控制。

为防止催化剂过热和保证发动机良好运作,空燃比反馈在以下情况下不会产生反馈控制,即开环控制:发动机起动时、起动后加浓时、功率加浓时、冷却液温度低于预定值时、燃油切断时和检测到电控系统故障时。

④ 加速加浓。突然加速时,因为燃油供应会滞后于突然增加的空气量,混合气会瞬间变稀,从而影响加速性能。为此,需要加浓混合气。所以,当加速时,ECU 会根据节气门开启的速率判断发动机所处的加速工况,来增加喷油量。

加速加浓在加速开始阶段会大量增加,达到上限后又逐渐减少,且加速越快,喷油量增加越大。加速增量比的大小及加速增量作用的时间还取决于发动机的温度,温度越低,加速增量比越大,持续时间也越长。

⑤ 燃油切断。断油控制主要有超速断油控制、减速断油控制以及减扭矩断油控制三种。

超速断油控制：当发动机转速达到电脑设定的最高转速时，电脑会控制喷油器暂时中断喷油，以防止超速运转而损坏机件。待发动机转速降到规定值时，电脑控制喷油器又恢复喷油。如此循环，即可防止发机转速无限上升，这就是超速断油控制。如图2-3-11所示是德国博世公司Motronic电子控制系统的超速断油控制过程。从图中可以看出，在实行超速断控制时，发动机工作在 n_0（最高转速）±80r/min 转速范围内。

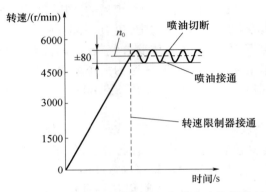

图2-3-11　Motronic电控系统超速断油控制过程

减速断油控制：当在发动机运转过程中突然松开油门踏板减速且满足如下条件时，电脑会控制喷油器停止喷油，即实行减速断油控制。

a. 节气门位置传感器怠速开关接通；

b. 发动机转速高于电脑内存的设定值；

c. 发动机冷却液已达正常工作温度。

待发动机转速下降到规定值时，微电脑又控制喷油器恢复供油。停止与恢复供油的转速与发动机冷却水温以及外加负荷有关。发动机水温越低，外加负荷越大，则停止与恢复供油的转速越高；反之，发动机水温越高，外加负载越小，则停止与恢复供油的转速就越低。减速断油既可以降低燃油消耗，又可以减少排气污染物的排放。

减扭矩断油控制：某些装有电子控制自动变速器的汽车自动升挡时，电脑会控制个别缸的喷油器暂时中断喷油，减小发动机输出扭矩，以降低发动机转速，减轻换挡冲击。这就是减扭矩断油控制。

⑥ 功率加浓。发动机大负荷工况，如爬陡坡时，必须增加喷油量以加浓混合气。ECU会根据节气门位置传感器信号、发动机转速和进气量来确定燃油的增加量。

⑦ 进气温度校正。由于温度会影响到进气的密度，因此需要根据进气温度

来修正喷油量。发动机将空气温度标准值设定为20℃,当进气温度高于或低于设定值时,ECU就会确定一个校正量,以校正混合气浓度。

⑧ 电压校正。由于喷油器针阀的机械惯性、电磁丝圈的磁滞特性以及磁路效率的影响,在ECU将喷油电脉冲加到电磁线圈后,针阀并不是随着电脉冲同步升到最大值,而是有一段滞后时间。若电压变低,滞后时间会更长,致使喷油器喷油时间会比发动机ECU计算的时间少,喷油量减少,混合气偏稀。因此ECU要根据电压的降低而延长喷油时间,这就是电压校正。

另外,大气压力也会影响到进气密度。当汽车行驶到高原地区时,海拔高度增加,大气压力降低,使空气密度降低,对于同样体积的空气流量,其质量就会降低。为避免混合气过浓以及油耗过高,应根据大气压力对喷油器的喷油时间进行修正。

4)喷油器及其控制电路的检测

以丰田凯美瑞轿车喷油器及其控制电路为例介绍其检测方法。其控制电路如图2-3-12所示。

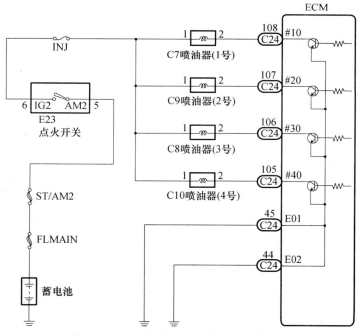

图2-3-12 凯美瑞汽车喷油器控制电路

(1)喷油器工作情况检查:发动机怠速运行时,用手接触喷油器,应有振动感,或用听诊器(可用螺丝刀代替)搭在喷油器上,应听到清脆的"嗒嗒"声(电磁阀开、关声),如图 2 - 3 - 13 所示。否则说明该喷油器不工作,应进一步检查喷油器及其控制电路。

(2)喷油器线圈的电阻检测:断开点火开关,拔下喷油器的插头,用万用表电阻挡测量喷油器线圈的电阻值,如图 2 - 3 - 14 所示。

喷油器按阻值可分为低阻和高阻两种,低阻 2 ~ 5Ω,高阻 13 ~ 18Ω。检测时,对照手册标准。

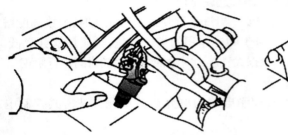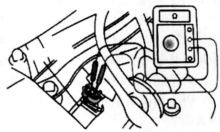

图 2 - 3 - 13 用手指检查喷油器的工作情况   图 2 - 3 - 14 检查喷油器电阻

(3)电路电压检测:喷油器控制电路一般均由点火开关直接或通过继电器间接提供电源,再由 ECU 控制喷油器的搭铁回路。凯美瑞汽车的控制电路如图 2 - 3 - 12 所示。

拔下发动机 CEM 连接器,点火开关置于 ON,用万用表电压挡检查 ECM 的 #10(C24 - 108)、#20(C24 - 107)、#30(C24 - 106)、#40(C24 - 105)四个端子与车身接地间的电压,应为 9 ~ 14V。

拔下喷油器连接器,点火开关置于 ON,用万用表表电压挡直接测量喷油器 1 号端子的电压,应为 12 ~ 14V。若无电压,则应检查点火开关及熔断丝或继电器及线路。

检查 ECU 中喷油器的搭铁线搭铁是否良好。可将专用检查试灯串接到喷油器连接器两插头上,起动发动机,试灯应闪烁。若不亮或不闪烁,则说明控制回路有故障,应检查喷油器至 ECU 的线路和 ECU 是否有故障。

也可利用示波器检测喷油脉冲波形,对喷油器控制电路进行检查。波形如图 2 - 3 - 15 所示。

(4)喷油器性能检测:喷油器性能检测在喷油器检测仪进行。检测仪如图 2 - 3 - 16所示。检测项目一般有喷油量、雾化质量和泄漏情况等。

将喷油器固定于检测仪上,按选择键至全开喷射测试项,按工作键冲洗开始,系统压力保持在 0.25 ~ 0.30MPa,冲洗结束后自动停机。

扳下泄油手杆,按选择键依次选择怠速测试、中速测试、高速测试、自动变

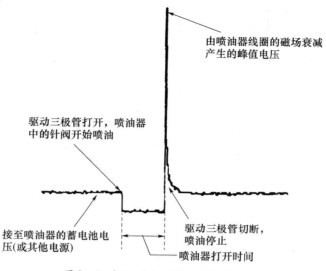

由喷油器线圈的磁场衰减
产生的峰值电压

驱动三极管打开,喷油器
中的针阀开始喷油

接至喷油器的蓄电池电
压(或其他电源)

驱动三极管切断,
喷油停止

喷油器打开时间

图 2 - 3 - 15 饱和开关式喷油器波形

图 2 - 3 - 16 HIT - N6 型电脑控制汽车喷油器清洗检测仪

速测试项进行模拟测试工作,压力仍保持在 0.25 ~ 0.30MPa 。当液面达到量筒的 2/3 时按下停止键或暂停键,观测在不同工况下各喷油器的流量均衡性。一辆汽车上的所有喷油器的喷油量偏差不应超过 2 % 。

喷油器安装位置不动,按选择键选择检漏测试项,按下工作键,同时将压力调至 0.3MPa ,观测各喷油器密封性。每分钟滴漏不超过两滴视为合格。

观测喷油形状项,按"确定"键开始工作,观测同一车上所有喷油器的喷油形状是否一致且正常。喷油形状如图 2 - 3 - 17 所示。

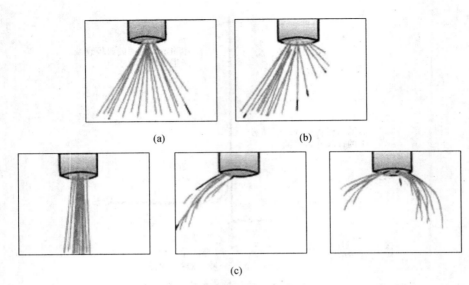

图 2 - 3 - 17　喷油器油束情况
(a)良好;(b)尚可使用;(c)差。

【任务实施】

要求通过以下工作页,完成任务实施过程。任务实施过程分组进行,每组配一部车及一名指导老师,老师适当指导,由学生为主体讨论完成。

发动机电控系统 学习工作页		
学习项目:电控燃油喷射系统认知与检测 学习任务:燃油供给系统认知与检测 任务实施:喷油器及其控制电路认知与检测	姓名:_____ 日期:_____	班级:_____ 学号:____ 第__页

一、任务

本任务是学习喷油器及其控制电路,要求在汽车上找出喷油器,熟悉其结构与原理,并能对其和电路进行检测,以判断是否正常。

二、注意事项

1. 拔接连接器时点火开关要置于 OFF。

2. 选择万用表正确挡位。

三、所用工具

数字式万用表、试灯、听诊器等。

四、程序与步骤

1. 对要维修的汽车进行描述:

年份:_____ 制造商:_____ VIN:_____ 车型与排量:_____

2. 画出你所检修车辆喷油器控制电路图：

3. 在汽车上找到喷油器，它有_____个端子，端子上导线分别是_____线（_____色）和_____线（_____色）。

4. 起动发动机怠速运转，用听诊器或手指（螺丝刀）接触喷油器，检查其是否有工作。是□　否□，说明检查到情况_____。

5. 断开喷油器连接器，用万用表检测喷油器电阻。测量值_____，标准值_____，结论_____。

6. 断开喷油器连接器，用万用表电压挡检测喷油器电源电压。测量值_____，标准值_____，结论_____。如无电源电压，应检查_____

7. 逐一断开喷油器连接器，串接试灯，起动发动机，观察试灯是否闪烁。是□　否□，结论_____。如果试灯不亮，下一步应做什么检查_____

8. 连接示波器，测试喷油器波形，并观察波形情况。

结论_____

【任务评价】

序号	评价指标	评价内容	分值	学生自评	小组评价	教师评价
1	喷油器查找	是否正确	15			
2	端子判断	是否正确	20			
3	检测方法	电源电压检测方法是否正确	15			
		电阻检测方法是否正确	15			
		工作情况检查是否正确	15			
4	安全规范与提问	是否符合安全操作规范	10			
		回答问题是否准确	10			
总　分			100			
问题记录和解决方法		记录任务实施中出现的问题和采取的解决方法（可附页）				

学习项目三　汽油发动机电控点火（ESA）系统结构认知与检修

【教学目标】

1. 了解电控点火提前系统的基本控制原理及功能；
2. 掌握电子点火提前系统工作原理及检测方法；
3. 了解曲轴位置传感器的工作原理，并能掌握其检测方法；
4. 通过点火波形测试，掌握典型电控点火提前系统故障检测方法。
5. 了解爆震控制原理，掌握爆震传感器的检测方法。

【项目描述】

　　电控点火系统提前 ESA 系统由各种传感器、发动机 ECU、点火器、点火线圈和火花塞组成，如图 3-0-1 所示。它采用发动机 ECU 来确定点火正时的系

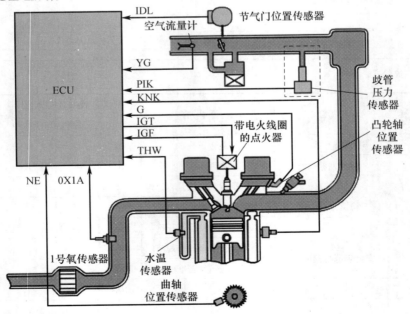

图 3-0-1　ESA 系统构成

统。发动机 ECU 根据记忆中存储的最佳点火正时和发动机工况相对应的情况,计算出点火正时,并将点火信号传送给点火器。它可以使发动机在任何工况下均处于最佳点火提前状态,并实现 3 方面的功能:通电时间控制,点火提前角控制和爆震控制。

最佳点火正时主要由发动机转速和进气量(进气歧管压力)决定。点火器针对发动机 ECU 输出的 IGT 信号,间歇性地将初级线圈电流作用于点火线圈,它还将点火确认信号(IGF)传递给发动机 ECU。发动机 ECU 根据 G 信号、NE 信号以及其他各种传感器传来的信号确定点火正时。点火正时一旦确定,发动机 ECU 将 IGT 信号传递给点火器,当传递给点火器的点火信号处于"开"的状态时,初级线圈电流作用于点火线圈。当点火信号关闭时,流向点火线圈的初级线圈电流被切断。同时,点火确认信号 IGF 被传递给发动机 ECU。目前使用的主要点火电路是直接点火系统(DIS),发动机 ECU 按照点火次序,把各个点火信号传递给点火器,从而将高压电流分配至各汽缸,这样提高精度的点火正时控制成为可能。

任务一　点火提前角的控制方式

【任务描述】

能保证发动机的动力性、经济性和排放都达到最佳值的点火提前角称为最佳点火提前角。在 ESA 控制系统中,根据有关传感器送来的信号,ECU 计算出最佳点火时刻,输出点火正时信号(IGT),控制点火器点火。在发动机起动时,不经 ECU 计算,点火时刻直接由传感器信号控制一个固定的初始点火提前角。当发动机转速超过一定值时,自动转换为由 ECU 的点火正时信号 IGT 控制。

汽油发动机点火控制信号 IGT(图 3 - 1 - 1)实际上就是点火器中功率晶体管的通断控制信号。它是 ECU 输出到点火组件的点火命令信号,也是点火组件计算闭合角的基准信号。IGT 信号输出后,在活塞位置达到存储器所记忆的最佳点火时间时,IGT 信号消失,也就是发出了点火指令。

点火器利用一个反电动势把一个 IGF 信号发送至发动机 ECU,此反电动势是在施加在点火线圈的初级电流被切断时或利用初级电流量产生的,当发动机 ECU 接收到此 IGF 信号,便确定已点火(然而,这并不意味着有实际的火花)。如果发动机 ECU 没有接收到 IGF 信号,诊断功能 DTC 被存入发动机 ECU,并且失效保护功能使燃油喷射停止。

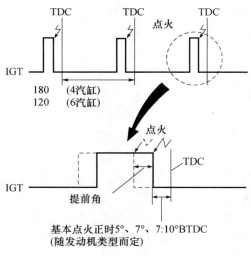

图 3-1-1 IGT 和 IGF 工作原理

【任务分析】

本项目要了解汽车汽油机发动机电子点火提前系统点火提前角的影响因素,熟悉汽车汽油机发动机点火提前角工作原理和控制方式,并分析判断不同工况下点火提前角的变化趋势。

【知识链接】

一般来说,混合气在汽缸内燃烧时,其最高燃烧压力(也可以说是发动机的最大输出功率)出现在曲轴转角的上止点后 10°左右。如图 3-1-2 所示,

图中曲线 A 是汽缸内不燃烧的压力波形,它是以上止点(TDC)为中心的左右对称波形。曲线 B、C、D 分别表示点火时刻在上止点第 10°以前、10°左右和 10°以后三种点火提前角时的燃烧压力波形。由图可知,Ⅱ时刻点火可以获得最佳的燃烧压力(做功也是最多的,做功的多少如阴影部分所示)且无爆震发生;而在 Ⅰ 时刻点火,虽然燃烧压力最高,但有爆震发生(曲轴 B上部的的锯齿波形)。可见,最佳点火提前角在上止点前 10°左右。但最佳

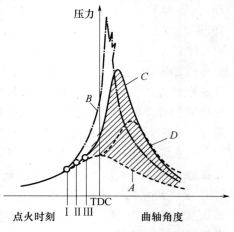

图 3-1-2 汽缸压力与点火时刻的关系

98

点火提前角也不是一成不变的。

一、影响点火提前角的因素

（1）发动机转速对点火提前角的影响：由图图3－1－3知，发动机转速升高，点火提前角应该增大。在普通 EFI 系统中，由于采用的是机械式离心调节器，所以调节曲线与理想点火调节曲线相差较大。当采用 ESA 时，可以使发动机的实际点火提前角接近于理想的点火提前角。

（2）进气歧管绝对压力对点火提前角的影响：由图图3－1－4知，当管路压力高（真空度小，负荷大），要求点火提前角小；反之，管路压力低（真空度高，负荷小）时，要求点火提前角大。在普通 EFI 系统中，由于采用真空调节器，所以调节曲线与理想曲线相差较大。当采用 ESA 控制系统时，可以使发动机的实际点火提前角接近于理想的点火提前角。

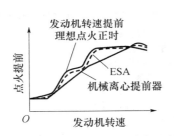

图3－1－3 转速对点火提前角的影响

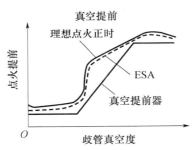

图3－1－4 进气歧管绝对压力对
点火提前角的影响

（3）辛烷值对点火提前角的影响：发动机在一定条件下，会出现爆震现象。爆震使发动机动力下降、油耗增加、发动机过热，对发动机极为有害。发动机的爆震与汽油品质有密切关系，常用辛烷值来表示汽油的抗爆性能。汽油的辛烷值越高，抗爆性越好，点火提前角可以加大；反之，汽油的辛烷值越低，抗爆性越差，点火提前角应减少。在无电控的普通点火系统中，是靠人工分电器初始位置进行调节来实现的。在 EFI 中，为了适应不同辛烷值的汽油的需要，在实际运用时，可以根据不同的汽油品种进行选择。出厂时，一般开关设定在无铅汽油的位置上。

二、点火提前角的控制

点火提前角的控制包括两种基本情况：

（1）起动期间的点火时间控制：发动机在起动时，在固定的曲轴转角位置点火，与发动机的工况无关。

（2）起动后发动机正常运行期间的点火时间控制：点火时间由进气歧管压力信号（或进气量信号）和发动机转速确定的基本点火提前角和修正量决定。

修正项目随发动机而异，并根据发动机各自的特性曲线进行修正。

1. 初始点火提前角（图3-1-5）

为了确定点火正时，ECU根据上止点位置确定点火的时刻。在有些发动机中，ECU把G1或G2信号后第一个Ne信号过零点定为压缩行程上止点前10°，ECU计算点火正时时，就把这一点作为参考点。这个角度就称作初始点火提前角，其大小随发动机而异。

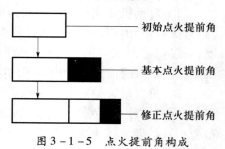

图3-1-5　点火提前角构成

2. 点火提前角的计算（图3-1-6）

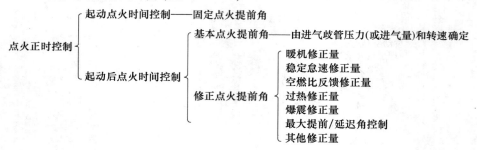

图3-1-6　点火正时控制

发动机工作时，ECU根据进气歧管压力（或进气量）和发动机转速，从存储器存储的数据中找到相应的基本点火提前角，再根据有关传感器信号值加以修正，得出实际点火提前角。

实际点火提前角=初始点火提前角个基本点火提前角十修正点火提前角（或延迟角）

三、爆震修正量（爆震控制）

爆震与点火时刻有密切关系，同时还与汽油的辛烷值有关。由图3-1-7可知，在传统的点火系统和无爆震控制的点火系统中，为防止爆震的发生，其点火时刻的设定往往远离爆震边缘。这样势必就会降低发动机效率，增加燃油消耗。而具有爆震控制的点火系统，点火时刻到爆震边缘只留一个较小的余量，或者说，就在爆震界面上工作，这样既控制了爆震的发生，又能更有效地得到发动机的输出功率。

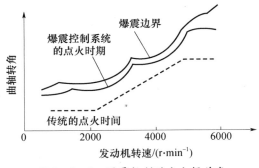

图 3 - 1 - 7 爆震控制的点火提前角

任务二 曲轴位置传感器的检测

【任务描述】

曲轴位置传感器是发动机电子控制系统中最主要的传感器之一,它提供点火时刻(点火提前角)、确认曲轴位置的信号,用于检测活塞上止点、曲轴转角及发动机转速。曲轴位置传感器所采用的结构随车型不同而不同,可分为磁脉冲式、光电式和霍尔式三大类。它通常安装在曲轴前端、凸轮轴前端、飞轮上或分电器内。

【任务分析】

本项目要根据曲轴位置传感器出现故障时的故障现象,了解曲轴位置传感器的工作原理,并能掌握其检测方法。

【知识链接】

一、磁脉冲式曲轴位置传感器的原理

丰田公司 TCCS 系统用磁脉冲式曲轴位置传感器安装在分电器内,其结构如图 3 - 2 - 1 所示。该传感器分成上、下两部分,上部分产生 G 信号,下部分产生 Ne 信号,都有是利用带有轮齿的转子旋转时,使信号发生器感应线圈内的磁通变化,从而在感应线圈里产生交变的感应电动势,再将它放大后,送入 ECU。

Ne 信号是检测曲轴转角及发动机转速的信号,相当于日产公司磁脉冲式曲轴位置传感器的 1°信号。该信号由固定在下半部具有等间隔 24 个轮齿的转子(No. 2 正时转子)及固定于其对面的感应线圈产生(图 3 - 2 - 2(a))。

当转子旋转时,轮齿与感应线圈凸缘部(磁头)的空气间隙发生变化,导致通过感应线圈的磁场发生变化而产生感应电动势。轮齿靠近及远离磁头时,将

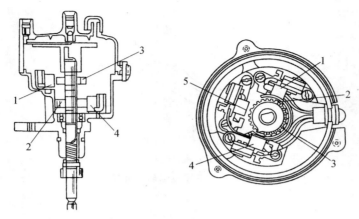

图 3-2-1 丰田公司磁脉冲式曲轴位置传感器

1—G1 感应线圈；2—No.2 正时转子；3—No.1 正时转子；4—G2 感应线圈；5—Ne 感应线圈。

产生一次增减磁通的变化，所以，每个轮齿通过磁头时，都将在感应线圈中产生一个完整的交流电压信号。No.2 正时转子上有 24 个齿。故转子旋转 1 圈，即曲轴旋转 720°时，感应线圈产生 24 个交流电压信号。Ne 信号如图 3-2-2(b)所示，其一个周期的脉冲相当于 30°曲轴转角（720°÷24＝30°）。更精确的转角检测，是利用 30°转角的时间由 ECU 再均分 30 等份，即产生 1°曲轴转角的信号。同理，发动机的转速由 ECU 依照 Ne 信号的两个脉冲（60°曲轴转角）所经过的时间为基准进行计测。

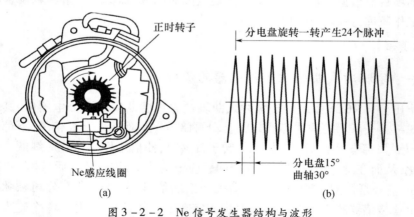

(a)   (b)

图 3-2-2 Ne 信号发生器结构与波形

G 信号用于判别汽缸及检测活塞上止点位置，相当于日产公司磁脉冲式曲轴位置传感器的 120°信号。G 信号是由位于 Ne 发生器上方的凸缘转轮（No.1

正时转子)及其对面对称的两个感应线圈(G1 感应线圈和 G2 感应线圈)产生的,其构造如图 3 – 2 – 3 所示。其产生信号的原理与 Ne 信号相同。G 信号也用作计算曲轴转角时的基准信号。

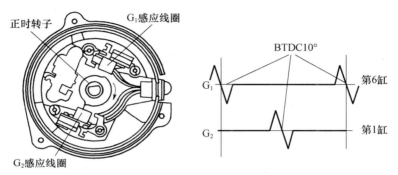

图 3 – 2 – 3　G 信号发生器的结构及波形

G1、G2 信号分别检测第 6 缸及第 1 缸的上止点。由于 G1、G2 信号发生器设置位置的关系,当产生 G1、G2 信号时,实际上活塞并不是正好达到上止点(BTDC),而是在上止点前 10°的位置

二、光电式曲轴位置传感器

日产公司光电式曲轴位置传感器设置在分电器内,它由信号发生器和带缝隙光孔的信号盘组成(图 3 – 2 – 4)。信号盘安装在分电器轴上,其外围有 360 条缝隙,产生 1°(曲轴转角)信号;外围稍靠内侧分布着 6 个光孔(间隔 60°),产生 120°信号,其中有一个较宽的光孔是产生对应第 1 缸上止点的 120°信号的。如图 3 – 2 – 5 所示。

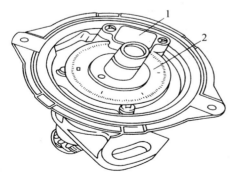

图 3 – 2 – 4　光电式曲轴位置传感器
1—曲轴转角传感器;2—信号盘。

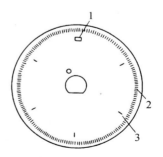

图 3 – 2 – 5　信号盘的结构
120°信号孔(第 1 缸);2—1°信号缝隙;
3—120°信号孔。

信号发生器固装在分电器壳体上,主要由两只发光二极管、两只光敏二极管和电子电路组成(图3-2-6)。两只发光二极管分别正对着光敏二极管,发光二极管以光敏二极管为照射目标。信号盘位于发光二极管和光敏二极管之间,当信号盘随发动机曲轴运转时,因信号盘上有光孔,产生透光和遮光的交替变化,造成信号发生器输出表征曲轴位置和转角的脉冲信号。图3-2-7所示为光电式信号发生器的作用原理。

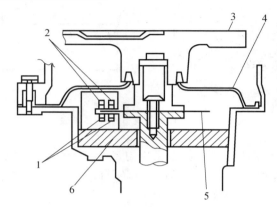

图3-2-6 信号发生器的布置

1—光敏二极管;2—发光二极管;3—分火头;4—密封盖;5—转盘;6—电子电路。

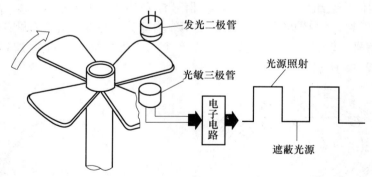

图3-2-7 光电式信号发生器作用原理

当发光二极管的光束照射到光敏二极管上时,光敏二极管感光而导通;当发光二极管的光束被遮挡时,光敏二极管截止。信号发生器输出的脉冲电压信号送至电子电路放大整形后,即向电控单元输送曲轴转角1°信号和120°信号。因信号发生器安装位置的关系,120°信号在活塞上止点前70°输出。发动机曲轴每转2圈,分电器轴转1圈,则1°信号发生器输出360个脉冲,每个脉冲周期高电位对应 1°，低电压亦对应 1°，共表征曲轴转角 720°。与此同时，120°信号发生器共产生 6 个脉冲信号。

三、霍尔式曲轴位置传感器

霍尔式曲轴位置传感器是利用霍尔效应的原理，产生与曲轴转角相对应的电压脉冲信号的。它是利用触发叶片或轮齿改变通过霍尔元件的磁场强度，从而使霍尔元件产生脉冲的霍尔电压信号，经放大整形后即为曲轴位置传感器的输出信号。

美国 GM 公司的霍尔式曲轴位置传感器安装在曲轴前端，采用触发叶片的结构形式，如图 3-2-8 所示。在发动机的曲轴皮带轮前端固装着内外两个带触发叶片的信号轮，与曲轴一起旋转。外信号轮外缘上均匀分布着 18 个触发叶片和 18 个窗口，每个触发叶片和窗口的宽度为 10° 弧长；内信号轮外缘上设有 3 个触发叶片和 3 个窗口，3 个触发叶片的宽度不同，分别为 100°、90° 和 110° 弧长，3 个窗口的宽度亦不相同，分别为 200、300 和 100 弧长。由于内信号轮的安装位置关系，宽度为 100° 弧长的触发叶片前沿位于第 1 缸和第 4 缸上止点（TDC）前 75°，90° 弧长的触发叶片前沿在第 6 缸和第 3 缸上止点前 75°，110° 弧长的触发叶片前沿在第 5 缸和第 2 缸上止点前 75°。

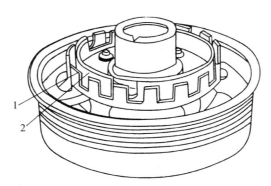

图 3-2-8　霍尔式曲轴位置传感器（GM 公司）
1—外信号轮；2—内信号轮。

霍尔信号发生器由永久磁铁、导磁板和霍尔集成电路等组成。内外信号轮侧面各设置一个霍尔信号发生器。信号轮转动时，每当叶片进入永久磁铁与霍尔元件之间的空气隙时，霍尔集成电路中的磁场即被触发叶片所旁路（霍尔隔磁），如图 3-2-9（a）所示，这时不产生霍尔电压；当触发叶片离开空气隙时，永久磁铁2的磁通便通过导磁板3穿过霍尔元件(图3-2-9(b)),这时产生霍尔电压。将霍尔元件间歇产生的霍尔电压信号经霍尔集成电路放大整形后,即向ECU输送电压脉冲信号(图3-2-10)。外信号轮每旋转1周产生18个脉冲信号(称为18X信号),1个脉冲周期相当于曲轴旋转20°转角的时间,ECU再将1个脉冲周期均分为20等份,即可求得曲轴旋转1°所对应的时间,并根据这一信号,控制点火时刻。该信号的功用相当于光电式曲轴位置传感器产生1°信号的功能。内信号轮每旋转1周产生3个不同宽度的电压脉冲信号(称为3X信号),脉冲周期均为120°曲轴转角的时间,脉冲上升沿分别产生于第1、4缸、第3、6缸和第2、5缸上止点前75°,作为ECU判别汽缸和计算点火时刻的基准信号,此信号相当于前述光电式曲轴位置传感器产生的120°信号。

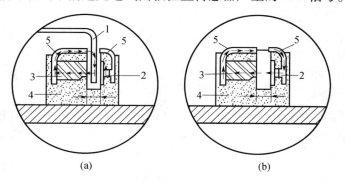

图3-2-9 霍尔信号发生器的工作原理

(a)触发叶片进入空气隙中,霍尔元件磁场被旁路;(b)触发叶片离开空气隙,霍尔元件被磁场饱和。

1—信号轮的触发叶片;2—霍尔元件;3—永久磁铁;4—底板;5—导磁板。

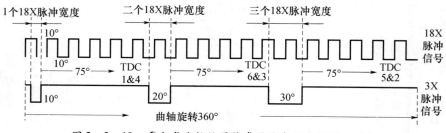

图3-2-10 霍尔式曲轴位置传感器输出信号(GM公司)

【※万用表※】霍尔式曲轴位置传感器的检测

霍尔式曲轴位置传感器的检测方法有一个共同点,即主要通过测量有无输出电脉冲信号来判断其是否良好。

曲轴位置传感器与 ECU 有三条引线相连,如图 3 - 2 - 11 所示。其中一条是 ECU 向传感器加电压的电源线,输入传感器的电压为 8V;另一条是传感器的输出信号线,当飞轮齿槽通过传感器时,霍尔传感器输出脉冲信号,高电位为 5V,低电位为 0.3V;第三条是通往传感器的接地线。曲轴位置传感器接头如图 3 - 2 - 12 所示。

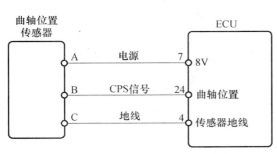
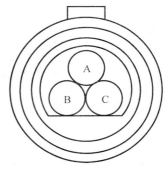

图 3 - 2 - 11   曲轴位置传感器工作电路   图 3 - 2 - 12   曲轴位置传感器接头

（1）传感器电源电压的测试:点火开关置于 ON,用万用表电压挡测量 ECU 侧 7#端子的电压应为 8V,在传感器导线连接器 A 端子处测量电压也应为 8V,否则为电源线断路或接头接触不良。

（2）端子间电压的检测:用万用表的电压挡,对传感器的 ABC 三个端子间进行测试,当点火开关置于 ON 时,A - C 端子间的电压值约为 8V;B - C 端子间的电压值在发动机转动时,在 0.3~5V 之间变化,具数值显示呈脉冲性变化,最高电压 5V,最低电压 0.3V。如不符合以上结果,应更换曲轴位置传感器。

（3）电阻检测:点火开关置于 OFF 位置,拔下曲轴位置传感器导线连接器,用万用表电阻挡跨接在传感器侧的端子 A - B 或 A - C 间,此时万用表显示读数为∞（开路）,如果指示有电阻,则应更换曲轴位置传感器。

GM（通用）公司触发叶片式霍尔传感器的测试方法与上述相似,只是端子为 4 个,上止点信号（内信号轮触发）输出端与接地端为脉冲电压显示。

四、曲轴传感器（Ne,G）波形测试

磁电式传感器利用电磁感应将齿轮的每一个齿经过传感器后产生一个交流信号,输出波形类似正弦波,其频率与齿轮转速同步。

光电式传感器是利用发光管来记录齿轮经过的过程,输出与齿轮转速同步的方波。

霍尔效应传感器是利用开关磁场,来记录齿轮经过的过程,输出波形是与齿轮转速同步的方波。

测试方法:将驱动轮抬起,模拟行驶条件,或直接在行驶中测试。

故障分析:磁电式传感器输出的频率和幅值随着车速的增加而增加,如果传感器在测试中输出一条直线,或频率或幅值不随车速变化而变化,则该传感器有故障。光电式和霍尔效应式传感器输出波形的幅值不变,大约为供电电压值,占空比也不随车速变化,只是频率随车速增加而增加。如果输出信号是一条直线,或频率不随车速变化,则该传感器有故障。

【任务实施】

要求通过以下工作页,完成任务实施过程。任务实施过程分组进行,每组配一部车及一名指导老师,老师适当指导,由学生为主体讨论完成。

发动机电控系统 学习工作页		
学习项目:电控点火(ESA)系统结构认知与检修 学习任务:曲轴位置传感器的检测 项目任务:曲轴位置传感器的检测	姓名:_____ 日期:_____	班级:_____ 学号:_____第__页

一、实训目的

能够对曲轴位置传感器进行故障分析,掌握传感器的检修技能。

二、实训设备

数字万用表、示波器等。

三、知识准备

1. 发动机型号_____。

2. 曲轴位置传感器的英文缩写是_____。

3. 该车曲轴位置传感器的类型是_____。

4. 该车曲轴位置传感器安装在_____,其作用是_____。

5. 画出该车曲轴位置传感器电路图,分析其工作过程。

四、操作步骤

传感器配线检测

1. 检测1#线:_____传感器连接器,点火开关置_____,用万用表测量连接器线束侧插头1#线和_____间的电阻,应为_____,测量值是_____。

2. 检测2#线:_____传感器连接器,点火开关置_____,用万用表测量连接器线束侧插头2#线和_____间的电阻,应为_____;测量值是_____。

3. 检测3#线:_____传感器连接器,点火开关置_____,用万用表测量连接器线束侧插头3#线和_____间的电阻,应为_____,测量值是_____。

结论：_____。

传感器检测

1. 用万用表测量连接器传感器侧插座1#端子和2#端子间的电阻，应为_____，测量值是_____。

2. 用万用表测量连接器传感器侧插座1#端子和3#端子间的电阻，应为_____，测量值是_____。

3. 用万用表测量连接器传感器侧插座2#端子和3#端子间的电阻，应为_____，测量值是_____。

结论：_____。

信号电压检测

1. 起动发动机，用万用表测量ECU"63"与"56"间的交流电压信号，应为_____，实测为_____。

2. 起动发动机，用示波器测量ECU"63"与"56"间的电压信号波形。

结论：_____。

【项目评价】

序号	评价指标	评价内容	分值	学生自评	小组评价	教师评价
1	找出传感器	是否正确	10			
2	电路图	是否正确	10			
3	故障分析	分析思路是否正确	15			
4	基本检查	检查与调整方法是否正确	5			
		结果分析是否正确	5			
5	相关部件检查	检查方法是否正确	15			
		结果分析是否正确	10			
6	故障排除	排除方法是否正确	10			
7	安全规范与提问	是否符合安全操作规范	10			
		回答问题是否准确	10			
总　分			100			
问题记录和解决方法		记录任务实施中出现的问题和采取的解决方法（可附页）				

任务三　爆震传感器的检测

【任务描述】

爆震传感器安装在发动机的缸体上，利用压电晶体的压电效应，把缸体的振动转换成电信号输入 ECU,ECU 把爆震传感器输出的信号进行滤波处理,同时判定有无爆震以及爆震强度的强弱,进而推迟点火时间。当 ECU 有爆震信号输入时,点火控制系统采用闭环控制方式,爆震强,推迟点火角度大;爆震弱,推迟点火角度小,并在原点火提前角的基础上推迟点火提前角,直到爆震消失为止,当爆震消失后,在一段时间内维持当前的点火时间角。如果没有爆震发生,则逐步增加点火提前角一直到爆震发生,当发动机再次出现爆震时 ECU 又使点火提前角再次推迟,调整过程如此反复进行(图 3 - 3 - 1)。

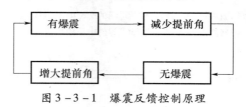

图 3 - 3 - 1 爆震反馈控制原理

【任务分析】

　　本项目要根据爆震传感器出现故障时的故障现象,了解爆震传感器的工作原理,并能掌握其检测方法。

【知识链接】

一、磁致伸缩式爆震传感器

　　图 3 - 3 - 2 所示为磁致伸缩式爆震传感器的结构,该传感器由壳体、永久磁铁、可被永久磁铁励磁的强磁体铁芯、缠绕在铁芯周围的线圈等构成。

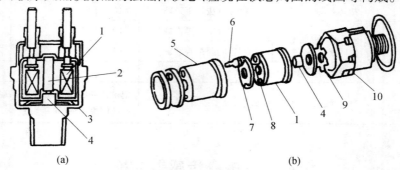

(a)　　　　　　　　　　　　　　　　(b)

图 3 - 3 - 2 磁致伸缩式爆震传感器结构
(a)剖视图;(b)零件图。
1—线圈;2—铁芯;3—壳体;4—永久磁铁;5—软磁性壳;
6—端子;7—绝缘体;8—磁致伸缩导杆;9—弹簧;10—支架。

发动机爆震时产生的压力波,其频率范围约为 1～10kHz。压力波传给汽缸,当发动机缸体振动时,在 7kHz 左右将发生共振,在强磁体铁芯上发生的压缩变形,将使其磁通量发生变化。这样,永久磁铁通过铁芯的磁场变化,使铁芯周围的感应电动势发生变化。

二、压电式爆震传感器

利用压电晶体的压电效应制成的爆震传感器,把爆震传到缸体上的机械振动转变成电信号,这种爆震传感器有共振型和非共振型两种。共振型爆震传感器,是由与爆震几乎具有相同共振频率的振子和能够检测振动压力并将其转换成电信号的压电元件构成;非共振型爆震传感器是用压电元件直接检测爆震信息。

图 3－3－3 所示为非共振型压电式爆震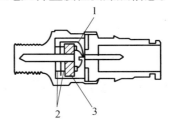
传感器的结构,该传感器由压电元件、平衡块及导线等构成。当发动机缸体的振动传到爆震传感器壳体时,壳体与平衡块之间产生相对运动,从而使夹在中间的压电元件所承受的推压力变化。于是,随着压电元件承受推压作用力而产生电压。在控制组件上只检出
频率达到 7kHz 左右时爆震所产生的电压,通

图 3－3－3　压电式爆震传感器结构
1—导线;2—压电元件;3—平衡块。

过该电压值的大小可判定爆震强度。爆震传感器由于结构不同,输出信号的频率有宽窄两种,如图 3－3－4(a)所示。

图 3－3－4(b)所示为共振型爆震传感器的输出波形,如果发生爆震,燃烧期间的输出振幅将增大,把这期间的输出波形进行滤波处理,根据其阻值大小判定爆震的有无。

图 3－3－5 所示是爆震传感器与 ECU 的连接图。

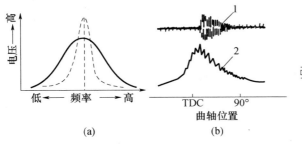

(a)　　　　　　(b)

图 3－3－4　爆震传感器输出信号的类型
(a)输出信号类型;(b)共振型爆震传感器输出的波形。
1—爆震传感器输出波形;2—燃烧压力波形。

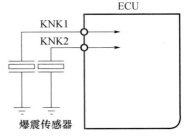

图 3－3－5　爆震传感器与 ECU 的连接

【※工作波形测试※】爆震传感器（KNK）

测试方法：

发动机在怠速下运行,可以看到传感器输出一定频率和幅值的交流波形,随着发动机转速增加,发动机缸体振动加大,输出信号的频率和幅值也增加。打开点火开关,不起动发动机,用金属物敲击发动机,可以看到输出信号有一些振动,敲击越重,信号的幅值和频率越大。如果测试中发现输出波形没有变化,或输出的频率和幅值没有随着发动机振动加大而增加,则要检查爆震传感器及其相关电路。波形如图 3-3-6、图 3-3-7 所示。

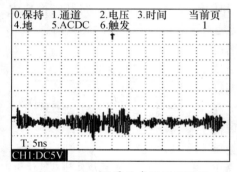 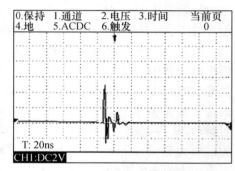

图 3-3-6　爆震传感器测试波形　　　　图 3-3-7　爆震传感器测试波形

【任务实施】

要求通过以下工作页,完成任务实施过程。任务实施过程分组进行,每组配一部车及一名指导老师,老师适当指导,由学生为主体讨论完成。

发动机电控系统 学习工作页		
学习项目:电控点火(ESA)系统结构认知与检修 学习任务:爆震传感器的检测 任务实施:爆震传感器的检测	姓名:_____ 日期:_____	班级:_____ 学号:____第__页

一、实训目的

　　能够对爆震传感器进行故障分析,掌握传感器的检修技能。

二、实训设备

　　数字万用表、示波器、读码器等。

三、知识准备

　　1. 发动机型号_____。

　　2. 爆震传感器的英文缩写是_____。

　　3. 该车爆震传感器的类型是_____。

　　4. 该车爆震传感器安装在＿＿＿＿＿＿＿＿＿，其作用是＿＿＿＿＿＿＿＿＿＿＿＿＿。

　　5. 画出该车爆震传感器电路图,分析其工作过程。

（空白框）

四、操作步骤

　　1. 检测传感器电阻:＿＿＿＿＿＿＿＿＿＿传感器连接器,点火开关置＿＿＿＿＿＿＿＿,用万用表测量连接器插座＿＿＿＿＿＿＿＿间的电阻,应为＿＿＿＿＿＿＿＿,测量值是＿＿＿＿＿＿＿＿。

　　2. 检测动态信号:＿＿＿＿＿传感器连接器,点火开关置＿＿＿＿,用万用表测量＿＿＿＿＿间的电压,静态时应为＿＿＿＿。起动发动机,该电压应为＿＿＿＿。测量值是＿＿＿＿。

　　3. 示波器检测:发动机不起动,敲击缸体,测量传感器信号波形,画出波形图。

【项目评价】

序号	评价指标	评价内容	分值	学生自评	小组评价	教师评价
1	正确找到传感器	是否正确	10			
2	电路图	是否正确	10			
3	故障分析	分析思路是否正确	15			
4	基本检查	检查与调整方法是否正确	5			
		结果分析是否正确	5			
5	相关部件检查	检查方法是否正确	15			
		结果分析是否正确	10			
6	故障排除	排除方法是否正确	10			
7	安全规范与提问	是否符合安全操作规范	10			
		回答问题是否准确	10			
总　分			100			
问题记录和解决方法		记录任务实施中出现的问题和采取的解决方法(可附页)				

【任务实施】

　　要求通过以下工作页,完成任务实施过程。任务实施过程分组进行,每组

配一部车及一名指导老师,老师适当指导,由学生为主体讨论完成。

发动机电控系统 学习工作页			
学习项目:电控点火(ESA)系统结构认知与检修 学习任务:点火系统检修 任务实施:点火控制系统(威驰)的检测		姓名:_____ 日期:_____	班级:_____ 学号:____第__页

    在完成这张工作单之后,你应该能用各种测试仪器及技巧检查发动机上点火控制系统的工作情况。

工学相关内容:

    本工作单和发动机性能测试有关的内容是:计算机化发动机控制诊断和维修。

    任务:检查,测试,调整以及更换计算机型发动机系统传感器、动力控制模块、执行器和电路。

    结束需要完成的结论:决定是否需要修理、清洗、更换传感器。

工具和材料

    数字万用表、示波器

对要维修的汽车进行描述

    年份:_____制造商:_____ VIN:_____型号:_____

知识准备

    1. 该发动机点火系的类型是_____,其组成是_____。

    2. 该发动机的点火顺序是_____。

    3. 画图说明其工作过程。

    4. 进行跳火试验:断开所有喷油器连接器,从汽缸盖上拆下点火线圈,将火花塞安装到点火线圈上,使火花塞和缸体搭铁,用起动机转动发动机,火花有无发出强烈火花:有 □　无 □。

    5. 检查点火器搭铁情况:脱开点火器连接器,检查接地端 GND 与车身搭铁间电阻。测量值为_____,手册标准值为_____。

    6. 检查电源电压:脱开点火器连接器,将点火开关置于 ON,检查 +B 端与接地端电压,测量值为_____,手册标准值为_____。

    7. 检查 IGF 的接地电压:脱开点火器连接器,点火开关置于 ON,检查 ECU 的 IGF 端子与接地间电压,测量值为_____,手册标准值为_____。

    8. 检查 IGT 的接地电压:脱开点火器连接器,用起动机转动发动机时,检查 ECU 的 IGT 端子与接地间电压,测量值为_____,手册标准值为_____。

    注意,每次转动发动机时间不超过 2s。

【任务评价】

序号	评价指标	分值	学生自评	小组评价	教师评价
1	找到点火系统	10			
2	叙述工作过程	15			
3	跳火试验	15			
4	搭铁检查	10			
5	电源电压检查	10			
6	IGF 的接地电压	10			
7	IGT 的接地电压	10			
8	安全规范与提问	10			
		10			
总分	100				
记录任务实施中出现的问题和采取的解决方法(可附页)					

学习项目四　汽油发动机辅助控制系统认知与检修

【教学目标】

1. 认识汽油发动机怠速控制系统。
2. 认识汽油发动机进气增压控制系统。
3. 认识汽油发动机排放控制系统。
4. 认识汽油发动机新技术。

【项目描述】

随着电子控制技术和汽车工业的发展,汽油发动机应用的电子控制技术也越来越多,这些辅助控制系统使得发动机的动力性、经济性和排放污染性更加理想。本项目介绍发动机怠速控制系统、进气增压控制系统、排放控制系统和汽油发动机的一些新技术。

任务一　怠速控制(ISC)系统认知与检修

【任务描述】

怠速工况是发动机在对外不做功的情况下,以最低稳定的转速运行的状态。此时发动机与传动系完全脱离,其目的就是维持发动机在较低的转速下连续、平稳运转和提供其他各辅助装置的工作动力,比如空调、动力转向装置等突然开启或关闭时,使发动机转速稳定运行在某一速度范围。怠速工况是发动机工作的重要工况之一。

目前大多数发动机怠速控制(ISC)通常安装在节气门体上,其作用是自动调整发动机怠速转速。它是通过怠速控制阀改变绕过节气门的旁通空气通道的截面积来增加或减少怠速进气量,以达到调整怠速转速的目的。怠速控制阀由 ECU 根据发动机工作情况来控制。也有一些发动机由 ECU 直接调节节气门开度大小来控制进气量,以达到怠速控制目的。

【任务分析】

怠速控制的实质就是由发动机 ECU 控制怠速控制阀或节气门开度,自动调节进气量,同时配合喷油量及点火提前角的控制,改变怠速工况燃料消耗所发出的功率,以稳定或改变怠速转速。本任务首先介绍怠速控制系统,要求对怠速控制系统及其相关部件结构原理有所认识;另外介绍怠速控制系统主要装置的结构与原理,并对发动机怠速控制系统故障进行分析和检测诊断。

【知识链接】

一、怠速控制系统认知

1. 怠速控制的功用与种类

怠速控制(Idle Speed Control of Gasoline Engine,ISC)系统的功用是自动调节怠速进气量,维持发动机怠速稳定运转。其种类有旁通空气道型和节气门直动型,如图4-1-1所示。

旁通空气道型:节气门旁有旁通进气道,怠速控制阀(ISCV)安装在节气门体旁通道上,怠速时节气门关闭,发动机ECU通过控制ISCV调节进气量。

节气门直动型:节气门旁没有旁通进气道,发动机ECU直接控制节气门开度来调节进气量。此法简化了怠速控制系统,并能更精确地控制进气量。

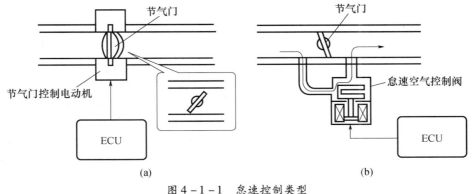

图4-1-1 怠速控制类型

(a)节气门直动型;(b)旁通空气道型。

2. 怠速控制系统功用与组成

怠速控制(ISC)系统由传感器及开关、发动机ECU和执行器(怠速控制阀ISCV)等组成,如图4-1-2所示。怠速控制基本原理是:发动机ECU接收各种传感器和开关信号情况,通过分析判断后,发出指令使怠速控制阀ISCV动作,从而控制进气量,稳定怠速转速。一般汽车发动机怠速转速在600~800r/min,具体各种机型不太一样。

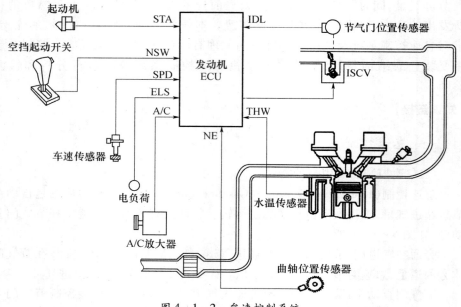

图 4 - 1 - 2　怠速控制系统

3. 怠速控制的主要功能

发动机起动：起动发动机时，ECU 控制怠速系统使进气量最多，改善了发动机起动性能。

发动机暖机：冷起动后，发动机温度较低，ECU 控制进气量较多，使怠速转速较高（快怠速），以加速发动机暖机热起。随着发动机热起，进气量逐渐减少，怠速转速逐渐降低。

反馈控制：当使用空调、打开前照灯、转向和挂挡（如 N 挡挂到 D 挡或 D 挡挂到 N 挡）时，发动机负荷会有变化，此时，ECU 会自动调整进气量，怠速转速相应变化。

二、怠速控制阀结构及原理

常见的怠速控制阀有步进电动机式和电磁阀式两种。

1. 步进电动机式怠速控制阀

如图 4 - 1 - 3 所示，步进电动机式怠速控制阀由步进电动机、螺旋机构（螺杆 7 和螺母 9）、阀芯 6、阀座等组成。螺旋机构中的螺母 9 和步进电动机的转子 10 制成一体。螺杆与步进电动机壳体 5 之间为滑动花键连接，使螺杆不能做旋转运动，只能沿轴向做直线运动。当步进电动机转动时，螺母驱动螺杆做轴向移动。步进电动机转子每转动 1 圈,螺杆便移动 1 个螺距。螺杆上固定着阀芯,螺杆向前或向后移动时,带动阀芯关小或开大旁通空气道的通过截面。ECU 通过控制步进电动机的转动方向和转角来控制螺杆的移动方向和移动距离,从而达到控制旁通空气道的通过截面大小、调整怠速进气量的目的。

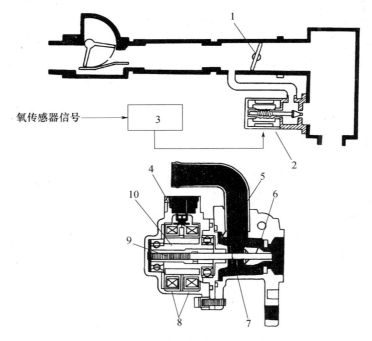

图 4-1-3 步进电动机式怠速控制阀
1—节气门;2—怠速控制阀;3—ECU;4—线束连接器;5—步进电动机壳体;6—阀芯;
7—螺杆;8—定子线圈;9—螺母;10—转子。

步进电动机是一种可由脉冲信号来控制其转角和方向的电动机。它有多种类型,常见的是永磁型步进电动机和可变电阻型步进电动机两种。目前,大部分车型都采用这两种怠速控制阀,如日本的丰田汽车、日产汽车和美国的克莱斯勒汽车等。

图 4-1-4 所示是另一种步进电动机式怠速控制阀的结构。其控制阀是一个固定在步进电动机轴上的旋转滑阀 1。在步进电动机的带动下,旋转滑阀可在限定的 90°转角范围内旋转,以改变旁通空气道的通过截面大小,按需要增、减怠速进气量。早期的汽油喷射系统,如奥迪 100 轿车上的汽油喷射系统,采用这种怠速控制阀。

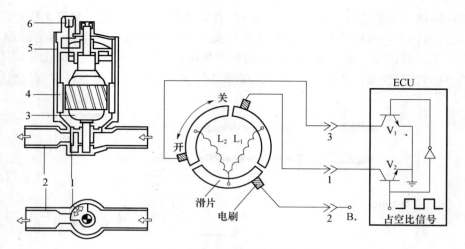

图4-1-4 旋转滑阀式怠速控制阀

1—旋转滑阀;2—旁通空气道;3—电枢;4—永久磁铁;5—步进电动机;6—线束连接器。

2. 电磁阀式怠速控制阀

图4-1-5所示为脉冲线性电磁阀式怠速控制阀的结构。它是用一个脉冲电磁阀来控制通过旁通空气道的空气量。脉冲电磁阀与普通电磁阀的结构

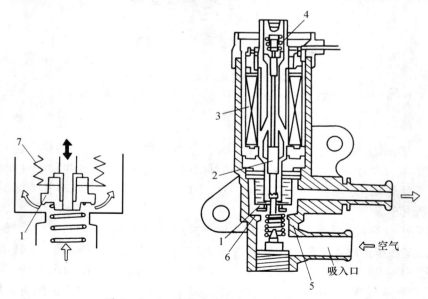

图4-1-5 线性脉冲式电磁阀怠速控制阀

1—阀;2—阀轴;3—电磁线圈;4—回位弹簧;5—壳体;6—阀座;7—波纹管。

基本相同,由电磁线圈 3、阀轴 2、阀 1 及阀座 6 等组成。阀门的开闭由 ECU 提供的电脉冲控制,当电磁线圈中通电时,产生电磁吸力,使阀轴 2 做轴向移动,带动阀 1 脱离阀座 6,打开空气通道;当电磁线圈断电时,阀轴在回位弹簧的作用下向下移动,关闭旁通空气道。

ECU 通过改变每个脉冲周期内电流接通和断开的时间比率(称为占空比),即通过改变电磁开启和关闭的时间比率,来控制通过旁通空气道的空气量。当发动机的怠速转速低时,ECU 自动提高脉冲电流的占空比,增加进气量;反之,当怠速过高时,降低占空比,减少进气量。

三、怠速控制系统及怠速控制阀的检测

1. 怠速控制系统的就车检测

怠速控制系统的就车检测方法有三种,可酌情选用。

1)发动机怠速运转状况检测

在冷车状态下起动发动机后,暖机过程开始时,发动机的怠速转速应能达到规定的快怠速转速(通常为 1500r/min);在发动机达到正常工作温度后,怠速转速应能恢复正常(通常为 750r/min 左右)。如果冷车起动后怠速不能按上述规律变化,则怠速控制系统有故障。

发动机达到正常工作温度后,在打开空调开关时,发动机怠速转速应能上升到 900r/min 左右。若打开空调开关后发动机转速下降,则怠速控制系统有故障。

2)怠速控制阀的工作状况检查

对于脉冲线性电磁阀式怠速控制阀,可在发动机怠速运转中拔下怠速控制阀线束连接器,观察发动机的转速是否有变化。如此时发动机转速有变化,则怠速控制阀工作正常。

对于步进电动机式怠速控制阀,可在发动机熄火后的一瞬间倾听怠速控制阀是否有"嗡嗡"的工作声音(此时步进电动机应工作,直到怠速控制阀完全开启,以利发动机再起动)。如怠速控制阀发出"嗡嗡"声,则怠速控制阀良好。为了检查步进电动机式怠速控制阀的工作状况,也可以在发动机起动前拔下怠速控制阀线束连接器,待发动机起动后再插上,观察发动机转速是否有变化。如果此时发动机转速发生变化,则怠速控制阀工作正常;否则,怠速控制阀或控制电路有故障。

3)电压的检测

对于脉冲线性电磁阀式怠速控制阀(以丰田威驰车为例,其控制电路如图 4-1-6 所示),应拔下怠速控制阀线束连接器,点火开关置于 ON,用万用表电压挡检查电源端电压(VISC 与 GND 间),应等于蓄电池电压;插好连接器,起动

发动机再开空调,分别检查电脑控制端子电压(DUTY 与 GND 间),应有脉冲输出(或检查占空比),这样说明 ECU 和怠速控制系统线路无故障。若无脉冲电压输出则怠速控制系统不工作,应检查 ECU 与怠速控制阀之间的线路(是否有接触不良或断路故障),如怠速系统的线路无故障,则 ECU 有故障,应更换 ECU。

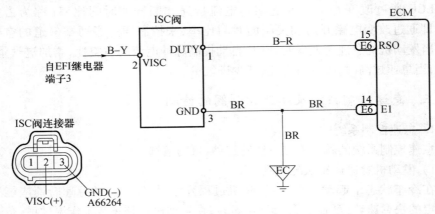

图 4-1-6   丰田威驰汽车怠速控制阀电路图

对于步进电动机式怠速控制阀(以皇冠3.0轿车为例,其的怠速控制阀电路如图 4-1-7 所示),拔下连接器,将点火开关置于 ON 位置,检查电源端 B1、B2 与搭铁间电压,应为 9～14V;然后接上连接器,起动发动机,测量 ECU 的端子 ISC1、ISC2、ISC3、ISC4 与端子 E1 间的电压值,应为 9～14V,如无电压,则ECU 有故障。

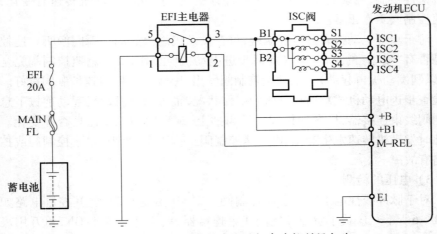

图 4-1-7   皇冠3.0轿车发动机怠速控制阀电路

122

2. 怠速控制阀的检测

1）怠速控制阀线圈电阻的检测

拆下怠速控制阀,用万用表电阻测量怠速控制阀线圈 B1 与 S1 或 B1 与 S3 间、B2 与 S2 或 B2 与 S4 间的电阻值(图4-1-8),各组线圈的电阻值应为 $10 \sim 30\Omega$。脉冲线性电磁阀式怠速控制阀只有一组线圈,其电阻值为 $10 \sim 15\Omega$。如线圈电阻值不在上述范围内,应更换怠速控制阀。

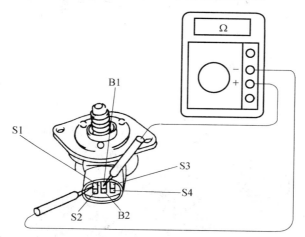

图4-1-8 皇冠3.0轿车2JZ-GE发动机怠速控制阀的测量
B1,B2—公共端子;S1,S2,S3,S4—步进电动机第1组至第4组线圈端子。

2）步进电动机的动作检查

将蓄电池电源以一定顺序输送给步进电动机各线圈,就可使步进电动机转动。各种步进电动机的线圈形式和接线端的布置形式都不同。这里以皇冠3.0轿车2JZ-GE发动机怠速控制阀步进电动机为例说明其检查方法。首先,将步进电动机连接器端子 B1 和 B2 与蓄电池正极相连,然后将端子 S1、S2、S3、S4 依次(S1→S2→S3→S4)与蓄电池负极相接,此时步进电动机应转动,阀芯向外伸去(图4-1-9(a))。若将端子 S1、S2、S3、S4 按相反的顺序(S4→S3→S2→S1)与蓄电池负极相接,步进电动机应朝相反方向转动,阀芯向内缩入(图4-1-9(b))。

四、节气门直动型怠速控制过程

以红旗 CA4GE 发动机直动型怠速控制装置为例,如图4-1-10所示。节气门与驾驶员操纵的油门踏板相连,松开油门踏板时节气门开度最小,发动机进入怠速状态。

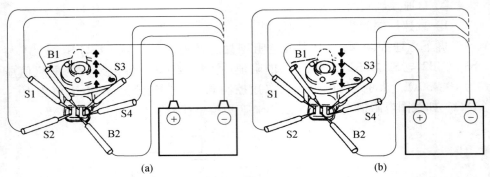

图4-1-9 皇冠3.0轿车2JZ-GE发动机怠速控制阀步进电动机的检查

（a）各端子按 S1、S2、S3、S4 顺序与蓄电池负极相接时；

（b）各端子按 S4、S3、S2、S1 顺序与蓄电池负极相接时。

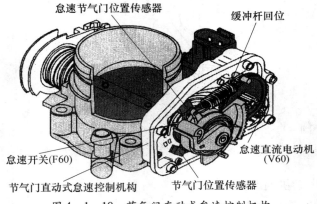

图4-1-10 节气门直动式怠速控制机构

在节气门体上装有 3 个传感器和 1 个执行器：节气门位置传感器、怠速节气门位置传感器、怠速开关和怠速直流电动机。

节气门位置传感器用于检测节气门开度大小；怠速节气门位置传感器用于检测怠速时电动机使节气门开启位置；怠速开关可告诉控制单元，驾驶员的右脚是否已经离开油门踏板，发动机进入怠速状态；怠速直流电动机是执行器，它按照控制单元指令控制进气量，保证发动机怠速转速的稳定。

工作原理：在驾驶员踩加速踏板时，怠速开关触点被分离，此时控制单元只关注节气门位置传感器的信号；当驾驶员不踩加速踏板时，节气门在回位弹簧作用下关闭，同时怠速开关触点闭合，发动机进入怠速工况，ECU 便关注怠速节气门位置传感器的信号，并根据这一信号和曲轴转速传感器的信号来指挥怠速直流电动机动作，准确地控制发动机怠速转速。

124

【任务实施】

要求通过以下工作页,完成任务实施过程。任务实施过程分组进行,每组配一部车及一名指导老师,老师适当指导,由学生为主体讨论完成。

发动机电控系统 学习工作页			
学习项目:汽油发动机辅助控制系统认知与检测 学习任务:怠速控制系统认知与检测 任务实施:怠速控制系统及其控制电路认知与检测		姓名:_____ 日期:_____	班级:_____ 学号:____第__页

一、任务

本任务是学习怠速控制系统及其控制电路,要求在汽车上找出怠速控制系统,熟悉怠速控制阀结构与原理,并能对其和电路进行检测,以判断系统和阀是否正常。

二、注意事项

1. 拔接连接器时点火开关要置于 OFF。

2. 选择万用表正确挡位。

三、所用工具

数字式万用表等。

四、程序与步骤

1. 对要维修的汽车进行描述:

年份:_____ 制造商:_____ VIN:_____ 车型与排量:_____

2. 画出你所检修车辆怠速控制系统控制电路图:

3. 在汽车上找到怠速控制阀,它的类型是_____。连接器上有_____个端子,端子上导线分别连接_____。

4. 起动发动机,观察发动机转速表,刚起动时转速为_____,稳定怠速后转速为_____打开空调开关后,转速为_____。从以上观察到的三个转速,说明怠速控制系统_____。

5. 发动机熄火,断开怠速控制阀连接器,用万用表检测其电阻。测量值_____,标准值_____,结论_____。

6. 断开怠速控制阀连接器,用万用表电压挡检测怠速控制阀电源电压。测量值_____,标准值_____,结论_____。如无电源电压,应检查_____。

7. 接上连接器,起动发动机,用万用表电压挡(或占空比挡)检测怠速控制阀 ECU 控制电压。结论_____。

实操结论_____

_____

_____

_____。

序号	评价指标	评价内容	分值	学生自评	小组评价	教师评价
1	怠速控制阀查找	是否正确	15			
2	端子判断	是否正确	20			
3	检测方法	电源电压检测方法是否正确	15			
		电阻检测方法是否正确	15			
		系统工作情况检查是否正确	15			
4	安全规范与提问	是否符合安全操作规范	10			
		回答问题是否准确	10			
总　分			100			
问题记录和解决方法		记录任务实施中出现的问题和采取的解决方法(可附页)				

任务二　汽油发动机进气增压控制系统认知

【任务描述】

汽车发动机进气增压控制系统是指将进入发动机汽缸的空气或可燃混合气预先进行压缩或压缩后再加以冷却,以提高进入汽缸的空气或可燃混合气的密度,从而使充气质量增加,并在供油系统的适当配合下,使更多的燃料很好燃烧,达到提高发动机动力性、提高比功率、改善燃料经济性、降低废气排放和噪声的目的。需要对汽车增压系统进行检测与诊断,必须熟知汽车增压控制各系统的组成、结构、作用、原理及检测方法;其次能分析相关检测数据,找出故障原因,并予以排除。

【任务分析】

现代汽油机有各种进气增压技术,包括进气惯性增压控制系统、废气涡轮增压系统、可变气门正时系统和电子控制节气门系统等。本任务主要学习常用的汽气涡轮增压系统、可变气门正时系统和电子控制节气门系统。

【知识链接】

一、汽车发动机进气控制系统历史及其发展过程

18世纪中叶,瓦特发明了蒸汽机,此后人们开始设想把蒸汽机装到车子上

载人。法国的居纽第一个将蒸汽机装到车上。蒸汽机没有进气系统,它是体外燃烧的。

1858 年,里诺发明了煤气发动机,发动机用煤气和空气的混合气体取代往复式蒸汽机的蒸汽,并在缸内进行点燃、做功,开始有了进排气系统。

1867 年,德国人奥姆勒和卡尔·本茨根据奥托提出了内燃机的四冲程理论,各自研制出具有现代意义的汽油发动机,也就有了进气、压缩、做功、排气这个换气过程,进入的混合气是汽油与空气的混合气。柴油机的进气与汽油机的基本相同,但压缩比有很大差别,进入的气体只是空气,而不是混合气。

1886 年左右,有人将化油器安装在一个单缸发动机上,结果这个发动机利用最简单的化油器发动了,后来经过改进终于能适应各种工况的需要,主要是起动、加速、怠速、中速、高速这五大工况,当然也有灭车这一项。因为化油器拥有了这几个控制能力,才能驾驭发动机在不同情况下输出动力。到了第二次世界大战时期,机械喷射出现了,战后人们利用在了梅赛德斯身上,这是一次革命。

1957 年,德国人汪克尔发明了转子活塞发动机,这是汽油发动机发展的一个重要分支。转子发动机的特点是利用内转子圆外旋轮线和外转子圆内旋轮线相结合的机构,无曲轴连杆和配气机构,可将三角活塞运动直接转换为旋转运动。其特殊的活塞运转形式使进排气系统有了很大改变。

电喷提供最早出现于 1967 年,由德国保时捷公司研制的 D 型电子喷射装置,随后被用在大众等德系轿车上。早期的都是单点喷射,后来出现了多点喷射、顺序喷射等,这些都是关于混合气的形成和控制的发展,在涡轮增压出现后,柴油机汽油机的进气系统得到了革命性的发展,配合电喷系统和可以产生各种气流的气道形成了现代发动机的主要生命系统。这种装置是以进气管里面的压力为参数,但是它与化油器相比,仍然存在结构复杂、成本高、工作不稳定的缺点。针对这些缺点,博世公司又开发了一种称为 L 型电子控制汽油喷射装置,它以进气管内的空气流量为参数,可以直接按照进气流量与发动机转速的关系确定进气量,据此喷射出相应的汽油。这种装置由于设计合理,工作可靠,广泛为欧洲和日本等汽车制造公司所采用,并奠定了今天电子控制燃油喷射装置的雏形。

20 世纪二三十年代,当价格高昂的涡轮增压器仍然只被用在航空领域时,机械增压器早已就横扫欧美各大赛道了。那个年代知名度最高的两部赛车分别来自 AUTO UNION(奥迪的前身)和奔驰。AUTO UNION 在赛车上安装了一台增压值为 1.8bar 的两级机械增压 6.0L 发动机,压缩比 9.2:1,并以甲醇作为燃料,在 5000r/min 时可输出 520 马力的最大功率,另一部同样采用两级机械增压器的奔驰 M125 则能释放出 646 马力。

当 20 世纪 60 年代涡轮增压器第一次使用于雪佛兰民用车上时,它因可靠性较差很快退出了市场。不过在商用车领域,涡轮增压器的发展历程倒是相对顺利。从 20 世纪 50 年代,康明斯、沃尔沃和斯堪尼亚等主要的发动机制造商开始研究在卡车上运用废气涡轮增压器技术,而德国工程师 Kurt Beirer 设计出了一台结构紧凑的废气涡轮增压器,解决了自身体积过大的问题,并在柴油卡车上得到广泛运用。如今,增压器已不再单纯地用来提升运动性能,同样也是改善燃油经济性和降低排放污染物的有效手段,因为其能直接有效地优化燃烧效率。

发动机发展了百年,更多的时间是在研究进气和燃油喷射系统,因为这两项能够直接影响发动机功率运转。

二、可变气门正时系统

在现今汽车行业中,发动机进气控制系统的发展方向有进气惯性增压控制系统、废气涡轮增压系统、可变气门正时系统和电子控制节气门系统等,而最普遍且最具代表性的为可变气门正时系统和废气涡轮增压系统。

在发动机运转过程中,有部分工况将会出现一些难以解决的矛盾,如如何保证低转速时的扭矩输出、高转速时的功率输出以及在这些工况下的燃油耗量等问题,如果只采用节气门控制的燃油供给方式是难以圆满解决的。

发动机可变气门正时技术(Variable Valve Timing,VVT)是一种近些年来被逐渐应用于现代轿车上的新技术,发动机采用可变气门正时技术可以提高进气充量,使充量系数增加,发动机的扭矩和功率可以得到进一步的提高。VVT 系统就是通过在凸轮轴的传动端加装一套液力机构,从而实现凸轮轴在一定范围内的角度调节,也就相当于对气门的开启和关闭时刻进行了调整,使配气相位可以根据发动机转速和工况的不同进行调节,高低转速下都能获得理想的进、排气效率。

比较典型的是丰田汽车公司的可变配气正时控制机构(VVT - i)、本田汽车公司的可变气门正时升程电子控制系统(VTEC)及 BMW 的 Valvetronic 系统。

1. 丰田可变配气正时控制机构(VVT - I)

该系统能够在维持发动机怠速性能的情况下,有效改善全负荷性能。同时可以保持进气门开启的持续角度不变,改变进气门开闭时刻来增加充气量。

该机构由 VVT - I 控制器、凸轮轴正时机油控制阀和传感器三部分组成,其中传感器包括曲轴位置传感器、凸轮轴位置传感器和 VVT 传感器,如图 4 - 2 - 1 所示。

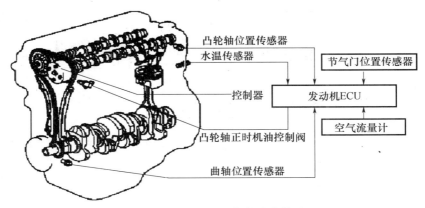

图 4-2-1 VVT-I 机构结构简图

VVT-I 控制器由外转子、内转子和机油通道组成,如图 4-2-2 所示,外转子由齿形皮带轮驱动,动力来自曲轴,内转子与凸轮轴相连。

丰田 VVT 16 气门 4 缸发动机在工作过程中,进、排气凸轮轴由凸轮轴齿形皮带轮驱动,其相对于齿形皮带轮的转角不变。曲轴位置传感器测量曲轴转角,向发动机电子控制单元提供发动机

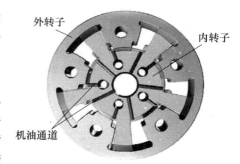

图 4-2-2 VVT-I 控制器结构组成

转速信号;凸轮轴位置传感器测量齿形带轮转角;VVT 传感器测量进气凸轮轴相对于齿形带轮的转角。其信号输入发动机电子控制单元(ECU),ECU 根据转速和负荷的要求控制进气凸轮轴正时控制阀,控制器根据指令使进气凸轮轴通过控制机油通道油压,相对于齿形带旋转一个角度,达到进气门延迟开闭的目的,用以增大高速时的进气迟后角,从而提高汽缸的充气效率,如图 4-2-3 所示。

发动机可变气门正时技术是一种近些年来被逐渐应用于现代轿车上的新技术,发动机采用可变气门正时技术可以提高气充量,使充量系数增加,发动机的扭矩和功率可以得到进一步的提高。

2. 本田可变气门正时升程电子控制系统(VTEC)

VTEC 系统由发动机电子控制单元(ECU)控制,ECU 接收发动机传感器(包括转速、进气压力、车速、水温)的数据、参数并进行处理,输出相应的控制信号,通过电磁阀调节摇臂活塞液压系统,从而使发动机在不同的转速工况下由不同的凸轮控制,影响进气门的开度和时间。

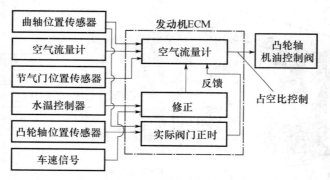

图 4 - 2 - 3　VVT - I 原理流程简图

当发动机在中、低转速时，三根摇臂处于分离状态，普通凸轮推动主摇臂和副摇臂来控制两个进气门的开闭，气门升量较小。此时虽然中间凸轮也推动中间摇臂，但由于摇臂之间是分离的，所以两边的摇臂不受其控制，也不会影响气门的开闭状态，如图 4 - 2 - 4 所示。

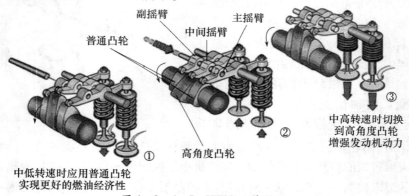

图 4 - 2 - 4　I - VTEC 工作原理

发动机达到某一个设定的转速时，计算机即会指令电磁阀起动液压系统，推动摇臂内的小活塞，使三根摇臂锁成一体，一起由高角度凸轮驱动，这时气门的升程和开启时间都相应地增大了，使得单位时间内的进气量更大，发动机动力也更强。当发动机转速降到某一转速时，摇臂内的液压也随之降低，活塞在回位弹簧作用下退回原位，三根摇臂分开。

3. 宝马 Valvetronic 系统

BMW 的 Valvetronic 系统在传统的配气相位机构上增加了一根偏心轴、一个步进电动机和中间推杆等部件，该系统借由步进电动机的旋转，再在一系列机械传动后很巧妙地改变了进气门升程的大小。

130

如图 4 – 2 – 5 Valvetronic 系统结构所示,当凸轮轴运转时,凸轮会驱动中间推杆和摇臂来完成气门的开启和关闭。当电动机工作时,蜗轮蜗杆机构会首先驱动偏心轴发生旋转,然后中间推杆和摇臂会产生联动,偏心轴旋转的角度不同,最终凸轮轴通过中间推杆和摇臂顶动气门产生的升程也会不同。在电动机的驱动下,进气门的升程可以实现从 0.18mm 到 9.9mm 之间的无级变化。最小气门升程与最大气门升程如图 4 – 2 – 6 所示。

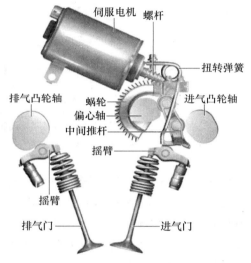

图 4 – 2 – 5　Valvetronic 系统结构

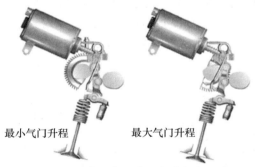

图 4 – 2 – 6　最小气门升程与最大气门升程

BMW 的 Valvetronic 技术已经覆盖旗下的多款发动机,包括目前陆续推出的涡轮增压新动力。该技术能够让发动机对驾驶者的意图做出更迅捷的反馈,同时通过发动机管理系统对气门升程的精确控制,实现车辆在各种工况和负荷下的最佳动力匹配。

4. 奥迪的 AVS 可变气门升程系统

该系统为每个进气门设计了两组不同角度的凸轮,同时在凸轮轴上安装有螺旋沟槽套筒。螺旋沟槽套筒由电磁驱动器加以控制,用以切换两组不同的凸轮,改变进气门的升程,如图 4-2-7 所示。

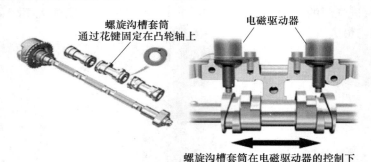

图 4-2-7　奥迪 AVS 系统机构图

发动机在高负载的情况下,AVS 系统将螺旋沟槽套筒向右推动,使角度较大的凸轮得以推动气门。在此情况下,气门升程可达到 11mm,以提供燃烧室最佳的进气流量和进气流速,实现更加强劲的动力输出。当发动机在低负载的情况下,为了追求发动机的节油性能,此时 AVS 系统则将凸轮推至左侧,以较小的凸轮推动气门。

图 4-2-8 所示为奥迪 AVS 系统两种工况下的工作原理图。其中两个进气门无论是在普通凸轮还是高角度凸轮下的相位和升程是有差别的,即两个进气门开启和关闭的时间以及升程并不相同。这种不对称的进气设计是为了让空气在流经两个进气门后,同时配合特殊造型的燃烧室和活塞头,可以使混合

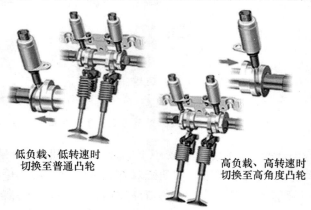

图 4-2-8　AVS 可变气门升程系统工作原理

气在汽缸内实现翻转和紊流,进一步优化混合气的状态。

三、机械增压系统

机械增压器压缩机的驱动力来自发动机曲轴。一般是利用皮带连接曲轴皮带轮,以曲轴运转的扭力带动增压器,达到增压目的,其一般结构如图4-2-9所示。根据构造不同,机械增压曾经出现过许多种类型,包括叶片式(Vane)、鲁兹(Roots)、汪克尔(Wankle)等形式,其中叶片式和鲁兹这两种较为常见。

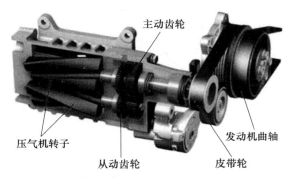

图4-2-9 机械增压机构主要组成

鲁兹增压器有双叶、三叶转子两种形式,目前以双叶转子较普遍,其构造是在椭圆形的壳体中装两个茧形的转子,转子之间保有极小的间隙而不直接接触。两转子借由螺旋齿轮联动,其中一个转子的转轴与驱动的皮带轮连接,转子转轴的皮带轮上装有电磁离合器,在不需要增压时即放开离合器以停止增压。离合器的开合则由计算机控制以达到省油的目的。

而叶片式(亦有称为涡流式)的运作方式主要是利用三个可根据不同离心力而改变转速的行星齿轮组带动进气叶片。透过齿轮组与叶片轴心的相互摩擦,提高轴心转速并进一步提高进气叶片的速度,以获得持续不断的增压反应。即发动机转速越高,进气叶片的转速也能随之提高。

四、废气涡轮增压系统

涡轮增压发动机是依靠涡轮增压器来加大发动机进气量的一种发动机,涡轮增压器(Turbo)实际上是一个空气压缩机。其利用发动机排出的废气作为动力来推动涡轮室内的涡轮(位于排气道内),涡轮又带动同轴的位于进气道内的叶轮,叶轮就压缩由空气滤清器管道送来的新鲜空气,再送入汽缸。当发动机转速加快,废气排出速度与涡轮转速也同步加快,空气压缩程度就得以加大,发动机的进气量就相应地得到增加,从而可以增加发动机的输出功率。其一般结构如图 4-2-10 所示。

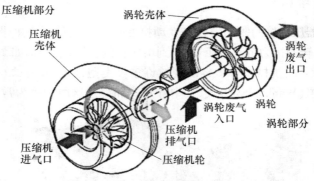

图 4-2-10　普通涡轮增压机构结构

1. 双涡轮增压

双涡轮增压一般称为 Twin turbo 或 Biturbo,是涡轮增压的方式之一。针对废气涡轮增压的涡轮迟滞现象,串联一大一小两只涡轮或并联两只同样的涡轮,在发动机低转速时,较少的排气即可驱动涡轮高速旋转以产生足够的进气压力,减小涡轮迟滞效应。

并联指每组涡轮负责引擎半数汽缸的工作,每组涡轮都是同规格的,其优点就是增压反应快并降低管道的复杂程度,如图 4-2-11 所示。

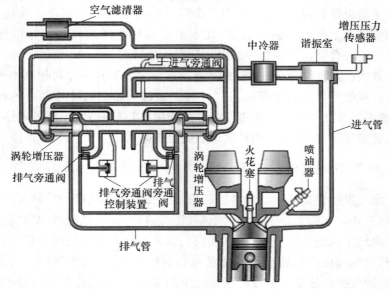

图 4-2-11　并联双涡轮增压进排气系统结构

134

串联涡轮通常是一大一小两组涡轮串联搭配而成,低转时推动反应较快的小涡轮,使低转扭力丰厚,高转时大涡轮介入,提供充足的进气量,功率输出得以提高。

2. 单涡轮双涡管

一般来说,4 缸发动机的点火顺序一般为 1 - 3 - 4 - 2 缸,单涡管单涡轮增压器的排气岐管(俗称排气芭蕉)让所有汽缸排气管连在一起,汇总之后吹向涡轮。这种设计简单,成本低廉,耐用;但是这种设计在单个汽缸工作时,产生气体的脉冲谐振影响其他缸体的排气效率,使下一个将要工作的汽缸回压增大。当汽缸工作时,有一段重叠时间内汽缸的进气气门和排气气门都在开启状态,这时下一个汽缸已经点火排气,这个极短的时间里,如果 1 缸和 3 缸排气管相通,将造成前一个缸体进气空气减少,导致下一个循环的总功率下降。

单涡轮双涡管是将一个涡轮增压器的气流在经过涡管时分为两股气流,每股气流负责 2 个缸,同时与双涡轮相比,单涡轮的设计也降低了排气脉冲相互干扰的情况。双涡管单涡轮增压器设计有两个排气口,中间的涡轮格把排气口分成两个部分,如图 4 - 2 - 12 所示。

图 4 - 2 - 12 单涡轮双涡管实物

1 缸和 4 缸排气通过一个涡管排气,2 缸和 3 缸则通过另一个涡管排气,两组排气互不相干。当 1 缸完成做功循环后,接下来是 3 缸做功,由于 1 缸和 3 缸的排气管不相连,所以相互之间没有干涉影响。3 缸做功完毕之后是 4 缸做功,这时还是相互不干扰,4 缸再之后,是 2 缸循环反复,每次做功和进气都不受影响,达到最大的进气量,工作原理如图 4 - 2 - 13 所示。其比普通单涡管增压器的进气燃烧效率要高 7% ~ 8%，也就是说性能比单涡管单涡轮提高了 7% ~ 8%。同时由于效率提高了，完成同样的加速表现需要的燃油要小，增加了燃油经济性。

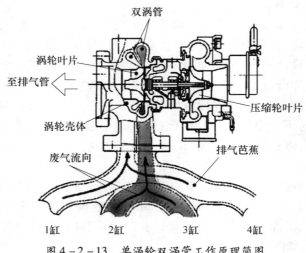

图 4 - 2 - 13　单涡轮双涡管工作原理简图

3. 可变截面涡轮

普通涡轮增压发动机在全负荷状态下时排气能量非常可观，但当发动机转速较低时，排气能量却很小，此时涡轮增压器就会由于驱动力不足而无法达到工作转速，这样造成的结果就是，在低转速时，涡轮增压器并不能发挥作用，这时涡轮增压发动机的动力表现甚至会小于一台同排量的自然吸气发动机，这是"涡轮迟滞"现象。

对于传统的涡轮增压发动机来说，解决涡轮迟滞现象的一个方法就是使用小尺寸的轻质涡轮。首先，小涡轮会拥有较小的转动惯量，因此在发动机低转速时，在发动机较低转速下涡轮就能达到最佳的工作转速，从而有效改善涡轮迟滞的现象。不过，使用小涡轮也有其缺点：当发动机高转速时，小涡轮由于排气截面较小，会使排气阻力增加（产生排气回压），因此发动机最大功率和最大扭矩会受到一定的影响。而对于产生回压较小的大涡轮来说，虽然高转速下可以拥有出色的增压效果，发动机也会拥有更强的动力表现，但是低速下涡轮更难以被驱动，因此涡轮迟滞也会更明显。

可变涡轮叶片技术的核心部分就是可调涡流截面的导流叶片，从图 4 - 2 - 14 可以看到，涡轮的外侧增加了一环可由电子系统控制角度的导流叶片，图中涡轮外围的叶片就是导流叶片，一般的涡轮并没有导流叶片的结构，如图 4 - 2 - 15 所示。导流叶片的相对位置是固定的,但是叶片角度可以调整,在系统工作时,废气会顺着导流叶片送至涡轮叶片上,通过调整叶片角度,控制流过涡轮叶片的气体的流量和流速,从而控制涡轮的转速。当发动机低转速排气压力较低时,导流叶片打开的角度较小。根据流体力学原理,此时导入涡轮处的空气流速就会加快,增大涡轮处的压强,可以更容易推动涡轮转动,从而有效减轻涡轮迟滞的现象,也改善了发动机低转速时的响应时间和加速能力。而随着转速的提升和排气压力的增加,叶片也逐渐增大打开的角度,在全负荷状态下,叶片则保持全开的状态,减小了排气背压,从而达到一般大涡轮的增压效果。此外,由于改变叶片角度能够对涡轮的转速进行有效控制,这也就实现了对涡轮的过载保护,因此使用了 VGT 技术的涡轮增压器可以不设置排气泄压阀。

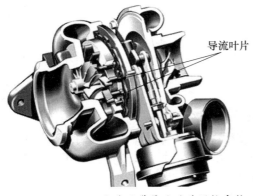

图 4 - 2 - 14 可变截面带导流叶片涡轮实物　　图 4 - 2 - 15　没有导流叶片的普通涡轮

五、发动机进气控制系统特性分析以及发展趋势

1. 汽车发动机进气控制系统特性分析

I - VTEC 保证了发动机中低速与高速不同的配气相位及进气量的要求,使发动机不论在任何转速情况下运转均能达到动力性、经济性与低排放的统一和极佳状态。但是在一定转速后发动机动力会突然爆发,燃油消耗相对增大。而奥迪的 AVS 可变气门升程系统在设计理念上与本田的 I - VETC 相似。其中,奥迪 AVS 可变气门升程系统在发动机转速 700 ~ 4000r/min 之间工作,当发动机处于中间转速区域进行定速巡航时,AVS 系统可以为车辆提供很好的节油效果。

Valvetronic 技术做到了对发动机进行更为精准和细致的调控管理,同时突破了转速的限制,可以应用在 M - Power 的 V8 双涡轮增压发动机上,但是保证在正确的时间使气门升程处在合适的位置与气门开启持续时间控制是这项技术的最大难点。

机械增压的工作原理使其在低转速下便可获得增压,增压的动力输出也与曲轴转速成一定的比例,即机械增压引擎的动力输出随着转速的提高也随之增强。因此机械增压引擎的出力表现与自然气极为相似,却能拥有较大的马力与扭矩。但机械增压器的进风量与阻力成正比关系。当使用高增压时,虽然引擎输出的能量大增,但相对增压器内部叶片受风阻力也会升高,当阻力达到某一界限时,这个阻力会使引擎承受极大的负荷,严重影响转速的提升。因此,机械增压必须在增压值与引擎负荷间取得平衡,以避免高增压带来的负面效应。

涡轮增压发动机的最大优点是其可在不增加发动机排量的基础上,大幅度提高发动机的功率和扭矩。一台发动机装上涡轮增压器后,其输出的最大功率与未装增压器相比,可增加40%甚至更多。但是当发动机转速较低时,排气能量却很小,此时涡轮增压器就会由于驱动力不足而无法达到工作转速,产生涡轮迟滞现象,使其在低转速时,涡轮增压器并不能发挥作用,涡轮增压发动机的动力表现甚至会小于一台同排量的自然吸气发动机。

2. 发动机进气控制系统今后发展趋势

1)气门升程与气门开启持续时间共同调整

丰田 VVT-i 与本田 VTEC 系统机构都做到了气门升程与气门开启时间的调整,尤其丰田 VVT-i 系统是通过 ECU 直接调节油压来改变内转子与外转子的相对角度,从而更准确地控制凸轮轴旋转位置,改变气门升程与气门开启持续时间,更有效地提高充气效率。

2)机械增压与涡轮增压相结合

机械增压在发动机低转时可获得增压,增压的动力输出与曲轴转速成一定线性关系,当使用高增压时,虽然引擎输出的能量大增,但相对增压器内部叶片受风阻力也会升高,当阻力达到某一界限时,这个阻力会使引擎承受极大的负荷,严重影响转速的提升。而涡轮增压发动机的最大优点是其可在不增加发动机排量的基础上,大幅度提高发动机的功率和扭矩;缺点是在低转速时,涡轮增压器并不能发挥作用,涡轮增压发动机的动力表现甚至会小于一台同排量的自然吸气发动机。通过两增压系统在结构上的结合,利用车载计算机根据发动机转速及负荷,改变增压系统的工作状态,使增压系统在发动机允许的所有转速内都能正常工作,为发动机提供性能优化与节省燃油。

3)可变气门正时系统与增压系统在工作上的优化结合

如宝马的 Valvetronic 系统与单涡轮双涡管增压系统在发展方向上,系统结构与工作过程更加紧密关联,使得进气系统在更大程度上做到节能减排,提高发动机功率。但在控制机构和机构运作部件上还没得到满意的工作可靠性和结构协调性,今后将依靠电子技术来测试与调校系统和系统结构优化设计,使得该两系统能更好地结合工作。

任务三　排放控制系统认知与检修

【任务描述】

随着汽车工业的高速发展,汽车保有量的急剧增加,汽车的排放污染物已成为全球环境的主要污染源,为控制汽车排放,各国都相继制定了日益严格的排放标准,为此现代汽车上都设置了各种排放控制装置。要对汽车排放系统进行检测与诊断,必须熟知汽车排放控制各系统的组成、结构、作用、原理及检测方法;其次能分析相关检测数据,找出故障原因,并予以排除。

【任务分析】

本任务主要讲述现代汽车上主要的几个排放控制系统的结构原理及其诊断方法,包括废气再循环系统、燃油蒸发控制系统、三元催化技术和二次空气喷射系统。

【知识链接】

一、汽车排放污染物及其危害

汽车发动机的各种排放有害物质已经成为城市大气污染的主要来源,其排出的主要有害物质有 CO、NO_x、HC、SO_2、炭烟等。对于汽油发动机以前面三者占大多数,因此 CO、NO_x、HC 已经成为汽油发动机排放控制的重点控制对象。

1. CO 的形成和危害

CO 是烃类燃料在空气不足的情况下进行不完全燃烧的产物,是汽油机中有害成分浓度最大的物质。当混合气过浓时,CO 的生成量明显增加;当混合气较稀时,如果混合气混合质量不好,也会产生较多的 CO。

CO 是一种无色无味的气体,具有很强的毒性,人体吸收后即在肺中与血液中的血红蛋白结合在一起,形成碳氧血红蛋白。由于 CO 与血红蛋白结合能力较 O_2 强大 200～300 倍,故吸入的 CO 就会优先与血红蛋白相结合,结果造成血液的输氧能力下降,而 CO 一旦与血红蛋白结合在一起就很难分离,要经过较长的时间才能消失其毒害作用。故 CO 的毒害作用有积累的性质,人连续处在混有 CO 空气中的时间越长,血液中积累的毒性就越多,最后导致人体组织的缺氧。

2. NO_x 的形成和危害

发动机排放的 NO_x 主要包含 NO 和 NO_2。对汽油机来说,在汽缸高温时和在氧浓度较高的混合气下都很容易生成 NO。汽缸气温越高、持续的时间越长、混合气的浓度越稀,生成的 NO 的量就会越多;相反,降低燃烧室温度、缩短混合气在高温中停留的时间和降低混合气浓度都能减少 NO_x 的生成量。废气排出大气后,处于低温环境的 NO 在空气中会缓慢氧化生成 NO_2。对于 NO 和 NO_2,我们统称为 NO_x。

汽车排出的氮氧化物最终都会变成 NO_2。NO_2 有剧烈的毒性,长期暴露在低浓度下,就会使人发生萎缩性病变,引起呼吸机能障碍,在 $150 \times 10^6 \sim 200 \times 10^6$ 的浓度下短时间内可使人的肺脏纤维化;NO_2 刺激呼吸道可引起喘息、支气管炎、肺气肿;NO_2 与 HC 的混合物在紫外线的作用下进行光化学反应,由光化学过氧化物而形成的黄色烟雾,其主要成分是臭氧,该现象称为"光化学烟雾"。光化学烟雾会明显地降低大气能见度,影响地面或空中交通;NO_2 在大气中产生臭氧等过氧化物,对人的眼、鼻和咽喉粘膜有较强的刺激作用,引起结膜炎、鼻炎、支气管炎等症状,并伴随有难闻的臭味,严重时可致癌。

3. HC 的形成和危害

HC 是未燃的燃料、不完全燃烧或裂解反应产生的碳氢化合物及少量的氧化反应的中间产物。在汽油机中,尾气排出的 HC 主要是缸壁和狭缝的熄火作用造成,另外过稀或过浓以及废气稀释严重、缸内温度过低时,可能引起火焰传播不完全甚至断火,HC 增多。在汽油机中,HC 排放的另外一个重要途径就是燃油系统的蒸发泄漏。

HC 会刺激眼和鼻,降低鼻的嗅觉机能。碳氢化合物的不完全燃烧构成醛类物质。醛类物质强烈刺激眼、呼吸器官、皮肤等,对植物也有危害。

二、汽油发动机的排放控制装置

发动机排放控制就是针对排放物产生的机理,在发动机上增设一些控制装置,以降低污染物(CO、HC 和 NO_x)的排放,并将其控制在规定的范围内。现代汽车上采用了多种排放净化措施,一般常用的有汽油蒸汽排放(EVAP)控制系统、废气再循环控制系统(EGR)、三元催化转换器(TWC)与空燃比反馈控制系统(O_2S)、二次空气供给系统和曲轴箱强制通风装置(PCV)等。

1. 汽油蒸汽排放(EVAP)控制系统

1) EVAP 控制系统功能

为了防止燃油蒸汽从燃油箱等部位直接排向大气而产生污染,在现代汽车上,一般采用由 ECU 控制的活性炭罐式燃油蒸发污染控制系统(EVAP 控制系统)。EVAP 控制系统的功能是收集汽油箱内的汽油蒸汽,并将汽油蒸汽适时导入汽缸进行燃烧,从而防止汽油蒸汽直接排出大气而造成污染。EVAP 控制系统还能够根据发动机的工况,控制导入汽缸参加燃烧的汽油蒸汽量。

2)EVAP 控制系统的组成与工作原理

EVAP 控制系统的组成如图 4 - 3 - 1 所示,包括单向阀 2、通节气门的缓冲器 3、炭罐控制真空电磁阀 4、排放控制阀 7、定量排放孔 8、活性炭罐 9 等。

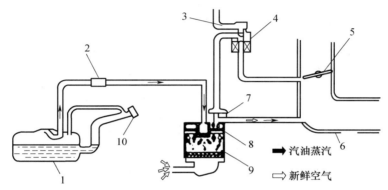

图 4 - 3 - 1 EVAP 控制系统

1—油箱;2—单向阀;3—通节气门缓冲器;4—炭罐控制真空电磁阀;5—节气门;6—进气歧管;
7—排放控制阀;8—定量排放孔;9—活性炭罐;10—油箱盖附真空泄放阀。

单向阀可以防止燃油蒸汽返回燃油箱。

炭罐控制真空电磁阀,受发动机 ECU 控制,决定阀门的开度大小,用来控制通向排放控制阀的真空度。

排放控制阀用来控制从活性炭罐吸入进气歧管的气体流量(含空气和蒸汽),它受炭罐控制真空电磁阀控制。当发动机怠速时,从活性炭罐吸入进气歧管的气体流量应小些,否则会使混合气过稀而造成怠速不稳;当发动机转速升高,负荷增大时,吸入的气体流量可大些,以使炭罐内的汽油蒸汽能被及时净化。

真空泄放阀用来保持油箱内的气压。它安装在油箱加油口盖上,当油箱内因燃油减少,真空度增大到一定极限时,该阀会打开,使油箱内保持正常大气压力,保证供油稳定。

活性炭罐中的活性炭具有良好的汽油蒸汽吸附性,当汽油蒸汽经过活性炭罐时将被活性碳吸附并存储下来。

EVAP 控制系统的工作原理如图 4 - 3 - 1 所示,油箱 1 的燃油蒸汽通过单向阀 2 进入活性炭罐 9 的上部,空气从炭罐下部进入清洗活性炭,在炭罐右上方有一定量排放小孔 8 及受真空控制的排放控制阀 7,排放控制阀内部的真空度由炭罐控制电磁阀 4 控制。

发动机工作时,ECU 根据发动机转速、冷却液温度、空气流量、负荷等信号,确定一个最佳的排放量,向炭罐控制真空电磁阀输出不同占空比的脉冲信号,以控制排放控制阀上部的真空度,使排放控制阀处于最佳位置,从而使最适量的燃油蒸汽被吸入进气岐管进入汽缸燃烧,降低排放污染并提高燃油经济性。

一般要求在发动机停机或怠速运转时,ECU 使电磁阀关闭,从油箱中逸出的燃油蒸汽被蒸汽回收罐中的活性炭吸收;当发动机以中、高速运转时,ECU 使电磁阀开启,储存在蒸汽回收罐内的汽油蒸汽经过真空软管后被吸入发动机,此时,因为发动机的进气量较大,少量的燃油蒸汽不会影响混合气的成分。

在有些车型上,活性炭罐清污控制系统有利于发动机抑制爆震,当 ECU 判断发动机产生爆震时,立即使炭罐清污电磁阀关闭,切断真空,关闭排放控制阀,直到爆震消失后超过 150ms 时,ECU 才再度使炭罐清污电磁阀恢复工作。

3）EVAP 控制系统的检测

就车检测可按下述顺序进行:就车检测主要是通过活性炭罐上的真空情况来检查。在车上应先检查管路有无破损或漏气,炭罐壳体有无裂纹,每行驶20000 km 应更换活性炭罐底部的进气滤芯。另外,炭罐有时效变质问题,通常当汽车行驶 10000km 或涉水后炭罐会变质,多为结块变质,失去储存能力。

（1）将发动机预热至正常工作温度,并使之怠速运转。

（2）拔下蒸汽回收罐上的真空软管,检查软管内有无真空吸力。若燃油蒸发控制系统工作正常,在发动机怠速运转中电磁阀应关闭、真空软管内无真空吸力（图 4-3-2（a））。如果此时真空软管内有真空吸力,则用万用表电压挡检查电磁阀线束连接器端子上是否有电压。若电磁阀线束连接器端子上有电压,说明 ECU 有故障;若无电压,则说明电磁阀有故障（卡死在开启位置）。

（3）踩下加速踏板,当发动机转速大于 2000r/min 时,检查上述真空软管内有无真空吸力。若真空软管内有真空吸力,则说明该系统工作正常;若真空软管内无真空吸力,则用万用表电压挡检查电磁阀线束连接器端子上是否有电压。若电压正常,说明电磁阀有故障;若电压异常,则说明 ECU 或控制线路有故障。

电磁阀的单件检测:

（1）检查电磁阀电磁线圈的电阻值。拔下电磁阀线束连接器,用万用表电阻挡测量电磁阀电磁线圈的电阻值。电阻值应符合规定,否则应更换电磁阀。

（2）检查电磁阀的工作。拆下电磁阀,首先向电磁阀内吹气,电磁阀应不通气;然后将蓄电池电压加到电磁阀连接器的两端子上（图4-3-2（b））,并同时向电磁阀内吹气,此时电磁阀应通气。如电磁阀的状态与上述情况不符,则电磁阀有故障,应更换。

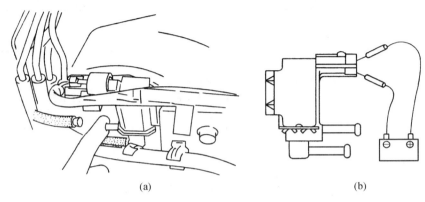

(a)　　　　　　　　　　　　　　　　　(b)

图4-3-2　控制电磁阀的检查

（a）就车检测;（b）单件检测。

【任务实施】

要求通过以下工作页,完成任务实施过程。任务实施过程分组进行,每组配一部车及一名指导老师,老师适当指导,由学生为主体讨论完成。

发动机电控系统 学习工作页		
学习项目:汽油发动机辅助控制系统认知与检修 学习任务:排放控制系统认知与检修 任务实施:EVAP系统认知与检测	姓名:_____ 日期:_____	班级:_____ 学号:____第__页
一、任务 　本任务是学习EVAP系统,要求在汽车上找出该系统,熟悉其结构与原理,并能对其进行检测,以判断是否正常。 二、注意事项 　1. 拔接传感器连接器时点火开关要置于OFF。 　2. 起动发动机前要确保手刹拉好,变速杆在空挡（手动变速器）或P位（自动变速器）,并高喊"发动机起动,请注意!" 　3. 选择万用表正确挡位。 三、所用工具 　数字式万用表。		

四、程序与步骤

1. 对要维修的汽车进行描述：

年份：_____制造商：_____ VIN：_____车型与排量：_____

2. 在车上找出 EVAP 系统，其作用是_____。

3. 画出该车 EVAP 系统原理图，叙述其工作过程。

4. 就车检查：

（1）将发动机预热至正常工作温度，并使之急速运转。

（2）拔下蒸汽回收罐上的真空软管，检查软管内有无真空吸力：有 □　无 □，是否正常：是 □　否 □。

如果真空软管内有真空吸力，说明_____。

（3）踩下加速踏板，当发动机转速大于 2000r/min 时，检查真空软管内有无真空吸力：有 □　无 □，是否正常：是 □　否 □。

若真空软管内无真空吸力，说明_____。

（4）插回蒸汽回收罐上的真空软管，发动机熄火。

5. 电磁阀检查

（1）将 EVAP 电磁阀插接器拔下，用万用表测量两个端子间的电阻，实际测量值为_____，标准值为_____。

（2）电磁阀不通电时，两通道导管间应_____；给电磁阀两端子加蓄电池电压时，电磁阀芯动作，吹气应_____。

6. 结论：_____

_____

【任务评价】

序号	评价指标	评 价 内 容	分值	学生自评	小组评价	教师评价
1	系统查找	是否正确	20			
2	工作过程叙述	是否正确	20			
3	检测方法	就车检测方法是否正确	20			
		电磁阀检测方法是否正确	20			
4	安全规范与提问	是否符合安全操作规范	10			
		回答问题是否准确	10			
总　分			100			
问题记录和解决方法		记录任务实施中出现的问题和采取的解决方法（可附页）				

2. 废气再循环控制系统(EGR)

1) EGR 系统的功能

废气再循环(Exhaust Gas Recirculation,EGR)系统把发动机排出的部分废气回送到进气管,并与新鲜混合气一起再次进入汽缸燃烧。

其主要功用是降低燃烧的最高温度和氧的相对浓度,从而控制 NO_x 的生成量。

2) EGR 系统的组成与工作原理

由 ECU 控制的废气再循环系统由废气再循环阀、废气调整阀、废气再循环控制电磁阀及相应的废气管道和真空管道组成,如图 4 – 3 – 3 所示。

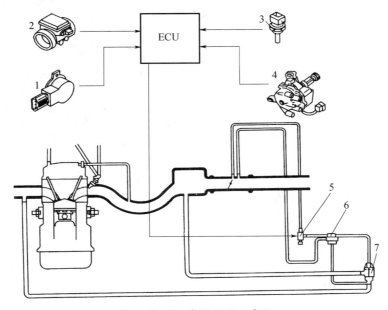

图 4 – 3 – 3　废气再循环系统

1—节气门位置传感器;2—空气流量传感器;3—水温传感器;4—发动机转速传感器;
5—废气再循环控制电磁阀;6—废气调整阀;7—废气再循环阀。

废气再循环阀用于控制再循环的废气量。作用在废气再循环阀真空室内的真空度越大,阀的开度就越大,再循环的废气量也越大。

废气调整阀的作用是利用进气管真空度的变化,按节气门开度的大小控制通往废气再循环阀的真空度,使废气再循环阀的开度随节气门的开大而增大,即再循环的废气量随发动机负荷的增大而相应地增加(图 4 – 3 – 4)。废气再循环控制电磁阀由 ECU 控制。ECU 根据空气流量传感器、节气门位置传感器、水温传感器、发动机转速传感器等输送的信号,在一定条件下断开废气再循环控制电磁阀的电源,切断真空管路,让空气进入废气调整阀,使废气再循环阀关闭(取消废气再循环)。这些条件是:发动机处于起动状态,发动机水温低于50℃,节气门位置传感器的怠速触点接通,发动机低速、小负荷运转(转速低于1000r/min),发动机高速运转(转速高于4500r/min),突然加速或减速。

　　废气再循环控制电磁阀的结构如图4-3-5所示,主要由阀体、阀芯、弹簧和电磁线圈等组成。在废气再循环控制电磁阀的电磁线圈不通电时,阀芯被弹簧预紧,通大气阀口关闭,进气歧管与废气再循环阀真空室相通;当废气再循环控制电磁阀的电磁线圈通电时,阀芯在磁场力的作用下下移,真空通道被截断,而此时通大气阀口开启,废气再循环阀真空室与大气相通。

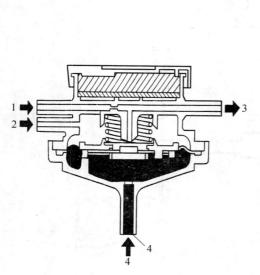

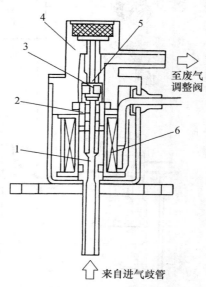

图4-3-4　废气调整阀
1—与节气门体相连接的管接口;2—与废气再循环控制电磁阀相连的管接口;3—与废气再循环阀真空室相连接的管接口;4—与排气管相连接的管接口。

图4-3-5　废气再循环控制电磁阀的结构
1—真空通道;2—弹簧;3—阀芯;4—阀体;5—通大气阀口;6—电磁线圈。

　　3)EGR系统的检测

　　(1)EGR阀检查:

　　EGR阀的热负荷大,工作环境差,易脏、堵造成锥阀发卡。如EGR阀不能打开,中等负荷不投入工作,发动机可能发生爆燃,NO_x排放增加;但是如在怠速或低速下EGR阀打开、发卡关不严,将使发动机怠速不良、低速喘振,导致低速下发动机可能加速迟缓、减速或冷起动后熄火。

146

一般检查:使发动机怠速运转达正常工作温度,拆下 EGR 阀上的真空软管,发动机转速应无变化,用手触试真空软管应无真空吸力;发动机温度达到正常工作温度后,怠速时检查结果应与冷机时相同,若转速提高到 2500 r/min 左右,拆下真空软管,发动机转速有明显提高。

起动发动机,使发动机达到正常工作温度,踩下加速踏板,使发动机转速到 2000r/min 以上,这时 EGR 阀拉杆应能随发动机转速的变化而动作,如图 4-3-6 所示。

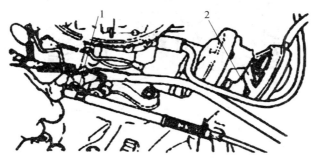

图 4-3-6　检查 EGR 阀拉杆的移动
1—节气门变化;2—拉杆移动。

如果 EGR 阀拉杆不动作,关闭发动机,用手指移动拉杆,检查是否运动自如,如果不能移动,可将 EGR 阀拆下进行清洗(注意:如果有积炭,应用钢丝刷清除,不能将阀浸入溶剂中);若还不能移动,则应更换新的 EGR 阀。

如果 EGR 阀拉杆用手能移动,可起动发动机,拔下 EGR 阀上的真空软管,用真空测量仪或用手指去感觉有无真空吸力,如果没有真空吸力,则说明 EGR 控制部分有故障,应进一步检查。

EGR 阀的单体检查:拆下 EGR 阀并进行解体,检查 EGR 阀中的膜片是否有破损,是否存在真空泄漏;如果存在破损,产生真空泄漏,则应更换 EGR 阀。

如图 4-3-7 所示,用手动真空泵给 EGR 阀膜片上方施加约 15kPa 的真空度,EGR 阀应能开启,不施加真空度,EGR 阀应能完全关闭。

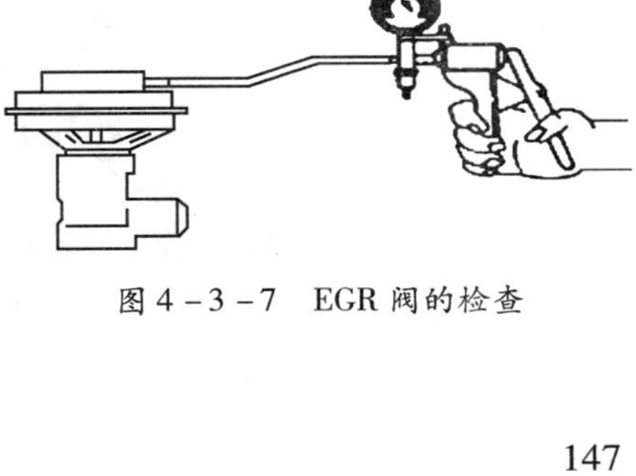

EGR 阀废气再循环量检查:检查时,应起动发动机,并使发动机达正常温度,拆下 EGR 阀上的真空软管,并将管头堵住,用真空泵对 EGR 阀软管抽真空,如图 4-3-8 所示。

图 4-3-7　EGR 阀的检查

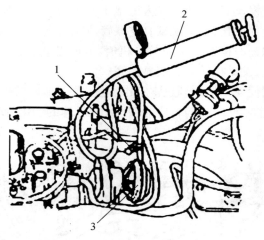

图 4 - 3 - 8　检查 EGR 阀的废气再循环量

1—接插件;2—手持真空泵;3—拉杆。

发动机怠速时,施加 19.95kPa 的真空力,观察 EGR 阀拉杆是否运动。若此时发动机运转变坏甚至熄火,说明 EGR 阀工作正常;若发动机运转情况没有变化,说明 EGR 阀损坏,应更换。

对于设有 EGR 位置传感器的 EGR 阀,可在发动机熄火后拔下位置传感器导线连接器,用万用表检查连接器的 B 与 C 端子间电阻,其电阻值应符合规定。EGR 位置传感器结构如图 4 - 3 - 9 所示。

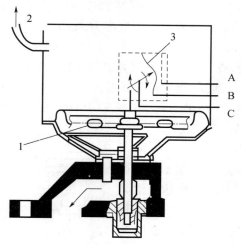

图 4 - 3 - 9　EGR 位置传感器的结构

1—EGR 阀;2—至废气调整阀;3—EGR 位置传感器。

检查 EGR 位置传感器连接器 A 与 C 端子间电阻值。拔下 EGR 阀与调整阀间的真空软管,用真空泵对 EGR 阀施加真空的同时,用万用表检查 A 与 C 端子间电阻值。电阻值应随真空度的增大而增大,不允许有间断;否则,说明 EGR 阀损坏,应当更换。

(2) EGR 电磁阀的检查:

① 关闭点火开关,拔下 EGR 电磁阀连接器,用万用表测量电磁阀线圈的电阻,其值一般为 $20 \sim 50\Omega$;否则,应更换 EGR 电磁阀。

② 拆下 EGR 电磁阀,检查各管口之间是否通气。在不通电时,管口 A 与 B、A 与 C 之间应不通气,但 B 与 C 间应通气,如图 4-3-10(a)所示。

③ 在给 EGR 电磁阀通电时,如图 4-3-10(b)所示,这时电磁阀管口 A 与 B 之间应通气,而 A 与 C、B 与 C 之间应不通气;否则说明 EGR 电磁阀损坏,应更换。图 4-3-11 所示为五菱宏光 B12 发动机 EGR 控制电路图。

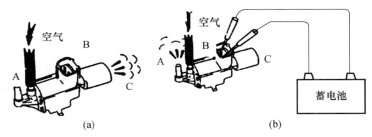

图 4-3-10　EGR 电磁阀的检查
(a)不通电时;(b)通电时。

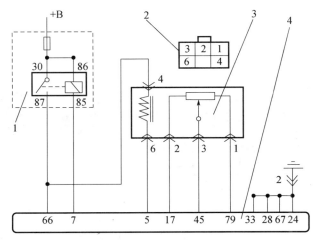

图 4-3-11　五菱宏光 B12 发动机 EGR 控制电路
1—主继电器;2—接插件;3—电磁阀和位置传感器;4—ECU。

149

五菱宏光 B12 发动机 EGR 电磁阀的检测参数如表 4 - 3 - 1 所示。

表 4 - 3 - 1　五菱宏光 B12 发动机 EGR 电磁阀的检测参数

线　号	线　色	功　能　定　义	检　测　参　数		电阻值
			线路状态	工作时	
①	红/蓝	5V 传感器电源	5.0V	5.0V	
②	绿/黑	传感器搭铁	0V	0V	
③	黄/红	传感器信号线	4.9V	0.7 ~ 2.5V	
④	红白	主继电器供电	12.0V	12.0V	
⑥	白黑	EGR 阀回路线	4.43V	工作时,0 ~ 12V 变化	8.0Ω 左右

（3）废气调整阀的检查:

① 起动发动机,并将发动机预热到正常工作温度。

② 拔下废气调整阀与 EGR 阀之间的真空软管,用手指堵住真空管口,检查管口内是否有真空吸力,如图 4 - 3 - 12(a)所示。发动机怠速时,管口内应无真空吸力;当加速时,发动机转速上升到 2000r/min 以上,管口内应有真空吸力。如果检查结果与上述不符,则应进一步检查。

③ 拆下废气调整阀,在连接 EGR 电磁阀的接口上接上真空泵,用手指堵住真空管口,如图 4 - 3 - 12(b)所示。这时向连接排气管的管口内泵入空气,同时用真空泵向 EGR 电磁阀接口抽真空。这时,在连接 EGR 阀真空管的接口处应能感到有真空吸力;在停止抽真空后,真空吸力应能保持住;在释放连接排气管的管口内压力后,真空吸力应随之消失。经检查,若与上述情况不符,则应更换废气调整阀。

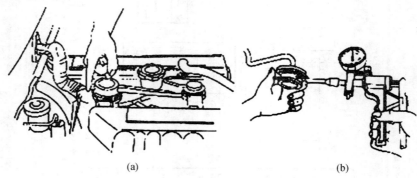

(a) (b)

图 4 - 3 - 12　废气调整阀的检查
(a)就车检查;(b)单件检查。

【任务实施】

要求通过以下工作页,完成任务实施过程。任务实施过程分组进行,每组配一部车及一名指导老师,老师适当指导,由学生为主体讨论完成。

发动机电控系统 学习工作页		
学习项目:汽油发动机辅助控制系统认知与检修 学习任务:排放控制系统认知与检修 任务实施:EGRP 系统认知与检测	姓名:_____ 日期:_____	班级:_____ 学号:____第__页

一、任务

本任务是学习 EGR 系统,要求在汽车上找出该系统,熟悉其结构与原理,并能对其进行检测,以判断是否正常。

二、注意事项

1. 拔接连接器时点火开关要置于 OFF。

2. 起动发动机前要确保手刹拉好,变速杆在空挡(手动变速器)或 P 位(自动变速器),并高喊"发动机起动,请注意!"

3. 选择万用表正确挡位。

三、所用工具

数字式万用表,手动真空泵。

四、程序与步骤

1. 对要维修的汽车进行描述:

年份:_____制造商:_____ VIN:_____车型与排量:_____

2. 在车上找出 EGR 系统,其作用是_____。

3. 画出该车 EGR 系统原理图,叙述其工作过程。

4. EGR 阀的检查:

使发动机怠速运转达正常工作温度,拆下 EGR 阀真空管,用真空泵向 EGR 阀提供真空,观察发动机怠速情况。如何变化?_____结论:_____。

5. EGR 电磁阀的诊断:

发动机熄火,断开电磁阀插接器,测量电磁线圈电阻,实际测量值为_____,标准值为_____。

序号	评价指标	评价内容	分值	学生自评	小组评价	教师评价
1	系统查找	是否正确	20			
2	工作过程叙述	是否正确	20			
3	检测方法	EGR 阀检查方法是否正确	20			
		电磁阀检测方法是否正确	20			
4	安全规范与提问	是否符合安全操作规范	10			
		回答问题是否准确	10			
总　分			100			
问题记录和解决方法			记录任务实施中出现的问题和采取的解决方法(可附页)			

3. 三元催化转换器(TWC)与空燃比反馈控制系统

1) TWC 功能

利用转换器中的三元催化剂,三元催化转换器可对排气中的 CO、HC、NO_x 同时进行净化处理,从而将排气中的有害气体转化成 CO_2、N_2、H_2O 等无毒气体。

2) TWC 的组成和工作原理

三元催化转换控制是在发动机排气管前加装三元催化转换器(TWC),其结构如图 4 – 3 – 13 所示。

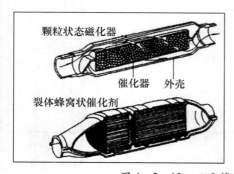
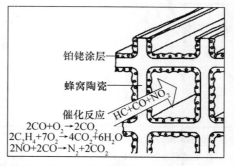

图 4 – 3 – 13　三元催化转换器的结构原理图

三元催化转换器所用催化剂是铂(或钯)和铑的混合物,它们填充在氧化铝等颗粒状或蜂窝状载体中,催化剂只起催化作用,不参加化学反应。

三元催化转换器的理想使用温度为 400℃ ~ 800℃,如发动机的排气温度过高(815℃以上),TWC 转换效率将明显下降,催化剂会过热而加快老化,以致催化功能失效。

对汽油机而言,只有在理论空燃比为 14:7 附近很窄的范围内工作时,三元催化转换器的转换效率才能达到最佳,如图 4-3-14 所示。因此,必须对混合气的空燃比进行精确的控制。在现代发动机 EFI 系统中,普遍采用根据氧传感器的信号对空燃比进行反馈控制的方式,来将混合气的空燃比精确控制在 14:7 附近一个极小的范围内,以保证三元催化转换器以最佳状态工作。

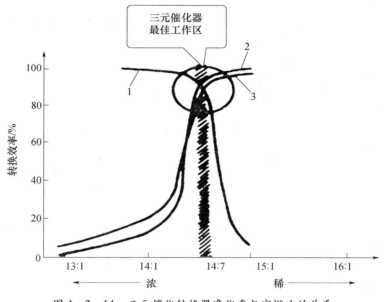

图 4-3-14　三元催化转换器净化率与空燃比的关系
1—NO$_x$ 曲线;2—CO 曲线;3—HC 曲线。

装有三元催化转换器的汽车,不能使用含铅汽油,否则容易使催化剂产生铅中毒而失效。

影响 TWC 转换效率的因素:影响最大的是混合气的浓度和排气温度,如果发动机工作不良,导致尾气中的 CO 和 HC 含量过高,将会使三元催化器中毒,缩短三元催化器的寿命。

3)空燃比反馈控制系统

空燃比反馈控制系统中的反馈信号主要是氧传感器信号,氧传感器有二氧化锆型和二氧化钛型两种形式。

（1）二氧化锆氧传感器。二氧化锆型氧传感器的基本元件为氧化锆陶瓷管，在敏感元件氧化锆的内外表面覆盖一层铂，外侧与大气相通，内侧与尾气接触。在400℃以上的高温时，若氧化锆内外表面处的气体中氧的浓度有很大差别，在铂电极之间将会产生电压。当混合气稀时，排气中氧的含量高，传感器元件内外侧氧的浓度差小，氧化锆元件内外侧两极之间产生的电压很低（接近0V）；反之，如排气中几乎没有氧，内外侧的之间电压高（约为1V）。在理论空燃比附近，氧传感器输出电压信号值有一个突变，如图4-3-15所示。

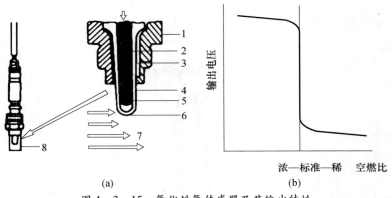

（a）
（b）

图4-3-15 氧化锆氧传感器及其输出特性

（a）结构；（b）输出特性。

1—法兰；2—铂电极；3—氧化锆管；4—铂电极；5—加热器；6—涂层；7—废气；8—套管；9—大气。

（2）二氧化钛氧传感器。二氧化钛属于N型半导体材料，其阻值大小取决于材料温度和周围环境中氧离子的浓度，因此可以用来检测尾气中氧离子的浓度。二氧化钛氧传感器主要由二氧化钛元件、导线、金属外壳、加热元件和接线端子等组成。

当废气中的氧浓度高时，二氧化钛的电阻值增大；反之，废气中氧浓度较低时二氧化钛的电阻值减小。利用适当的电路对电阻变量进行处理，即转换成电压信号输送给ECU，用来确定实际的空燃比。

（3）空燃比反馈控制原理。当发动机运行时，氧传感器不断地检测尾气中氧的含量，并且把实时信号传给ECU。当实际空燃比比理论空燃比小时，氧传感器向ECU输入高电压信号（0.75~0.9V），此时ECU减小喷油量，空燃比增大。当空燃比增大到理论空燃比时，氧传感器输出电压信号将突变下降至0.1 V左右，ECU立即控制增加喷油量，空燃比减小。如此反复，就能将空燃比精确地控制在理论空燃比附近一个极小的范围内。

4）三元催化转换器的检查维护

三元催化转换器失效后会导致排放恶化，堵塞后将会引起排气背压加大，平时使用过程中要注意维护和保养，定期检查。

三元催化器净化率的高低，取决于空燃比（A/F）的大小，把 A/F 保持在 14.7 范围附近，净化率可达到 80% 以上。为了使净化率控制在最佳工作区内，必须使用 OX 和 EGR 系统，实现反馈控制，即闭环控制系统，才能有效地净化尾气。

装有三元催化转换器的车辆必须使用无铅的辛烷值汽油，当含铅量在 4.23mg/L 车辆行使时 80000km 后催化器的性能将下降 30% ~ 50%，OX 在 480km 后即损坏失效。催化器损坏的原因，除铅化物外，尚有碳化物、焦油等物质因素。若发现排气管总成内有异响，或排气背压过高，驾驶性能变差加速无力，则应检查催化剂是否烧熔堵塞。若发现催化器发黑或严重堵塞时，即应换新件。

装用蜂巢型转换器的汽车，一般汽车每行驶 80000km 应更换转换器芯体。装用颗粒型转换器的汽车，其颗粒形催化剂的重量低于规定值时，应更换。

三元催化器外表面印有型号及安装方向箭头，不得装反。

5）氧传感器的检测与诊断

氧传感器信号是空燃比反馈控制系统中的反馈信号，氧传感器和三元催化转换器配合使用，一般装有前氧传感器和后氧传感器两个。

氧传感器常见故障有碳化物和铅化物覆盖，气体不能渗透，氧离子不能扩散，产生失效。另外就是加热线圈断路失效。氧传感器失效将会引起发动机怠速不良、加速不良、尾气超标、油耗增加等现象。

（1）热型氧传感器加热器的检查：检测加热器线圈的电阻，如丰田 LS400 在 20℃时线圈阻值应为 5.1 ~ 6.3Ω；五菱宏光 B12 发动机为 8 ~ 12Ω。

（2）氧传感器信号检查：发动机高速运转，直到氧传感器的工作温度达到 400℃ 以上再维持怠速运转。然后反复踩动加速踏板，并测量氧传感器输出信号电压，加速时应为高电压信号，减速时应输出低电压信号。发动机正常工作时信号电压应在 0.1 ~ 0.9V 之间不断变化。如果电压持续偏高，则说明混合气过浓或传感器被污染损坏；若电压持续偏低，说明混合气过稀或传感器故障；若总在中间值，则说明可能是氧传感器损坏。

（3）诊断仪检查：用诊断仪读取故障代码，检查有无氧传感器故障记录；用诊断仪读取氧传感器数据流，信号电压应在 0.1 ~ 0.9V 之间不断变化。

4. 二次空气供给系统

1）二次空气供给系统功能

在冷起动和暖车等工况下，氧传感器因不能马上工作还处于开环状态时，通过电磁阀控制的空气阀，定量地将新鲜空气送入排气管和三元催化器内，促使废气中的一氧化碳和碳氢化合物进一步氧化,从而降低一氧化碳和碳氢化合物的排放量,同时加快三元催化转换器的升温。

2)二次空气供给系的组成与工作原理

二次空气供给系的组成包括空气滤清器、电子空气泵、空气喷射控制阀、三元催化剂等,如图4-3-16所示。其中空气喷射控制阀主要由舌簧阀和膜片阀和电磁线圈等组成。

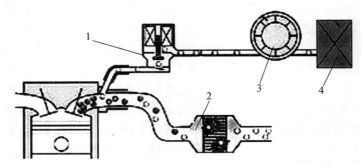

图4-3-16　二次空气供给系统结构示意图
1—空气喷射控制阀;2—三元催化器;3—电子空气泵;4—空气滤清器。

工作原理:点火开关接通后,蓄电池向二次空气电磁阀供电,ECU控制电磁阀搭铁回路。电磁阀不通电时,关闭通向膜片阀真空室的真空通道,膜片阀弹簧推动膜片下移,关闭二次空气供给通道;ECU给电磁阀通电,进气管真空度将膜片阀吸起,使二次空气进入排气管。

二次空气喷射系统的工作条件只限于开环状态,进入闭环系统时立即停止工作,其最长工作时间也只有点20s左右。

3)二次空气供给系统的检查

(1)低温起动发动机后,拆下空气滤清器盖,应听到舌簧阀发出的"嗡嗡"声。

(2)拆下二次空气供给软管,用手指盖住软管口检查,发动机温度在18～63℃范围内怠速运转时,有真空吸力;温度在63℃以上,起动后70s内应有真空吸力,起动70s后应无真空吸力;发动机转速从4000r/min急减速时,应有真空吸力。

(3)拆下二次空气阀,从空气滤清器侧软管接头吹入空气应不漏气。

(4)检查电磁阀,阻值应为36～44Ω。

5.曲轴箱强制通风装置

1)曲轴箱强制通风装置的功能

曲轴箱强制通风装置的功能是根据工况适时把曲轴箱中的窜气送回进气

156

岐管循环燃烧。

　　2）曲轴箱强制通风装置的组成和工作原理

　　发动机汽缸内的可燃混合气在压缩冲程和做功冲程时,由于气门和活塞环密封不严,一些未被完全燃烧的气体串入曲轴箱中,这些气体的主要成分为碳氢化合物。窜气中的某些成分会破坏机油,使机油产生油泥,腐蚀曲轴箱箱体。窜气在曲轴中积累,也会造成压力增大,如果不及时释放,高压气体会破坏密封垫,造成漏油现象。为了解决曲轴箱内的窜气问题,在发动机上安装了曲轴箱强制通风装置。曲轴箱强制通风系统的工作原理示意图如图 4 - 3 - 17 所示。

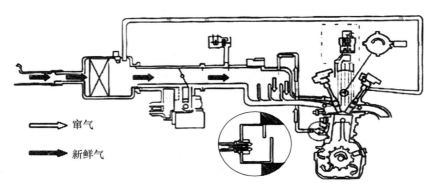

图 4 - 3 - 17　曲轴箱强制通风系统工作原理

　　发动机在工作时,进气管的真空度作用到 PCV 阀上,此真空度还吸引新鲜空气经空气滤清器、软管、汽缸盖罩上的孔道进入曲轴箱与窜缸气体进行混合,混合后在进气管真空度的作用下经汽缸盖罩上的孔道、PCV 阀、软管时入进气管和新鲜空气混合后入汽缸燃烧掉。曲轴箱强制通风装置的工作过程如下:

　　(1)当发动机不运转时,进气岐管没有真空,PCV 阀在自重和弹簧力的作用下保持关闭,阀中柱塞的密封面与阀底部接触,关闭阀的入口,如图 4 - 3 - 18(a)所示。

　　(2)在发动机怠速或减速时,进气岐管的真空度非常高,PVC 阀内的柱塞被吸到最上位置,将计量口关闭,几乎没有曲轴箱气体进入进气岐管,如图 4 - 3 - 18(b)所示。

　　(3)在发动机正常负荷和转速下工作时,进气岐管的真空度下降,弹簧将柱塞下推,计量口的流通截面增大,进入进气岐管的曲轴箱气体增加,如图 4 - 3 - 18(c)所示。

（4）在发动机的大负荷或加速时,进气岐管的真空度非常低,弹簧使阀的开度更大,曲轴箱气体进入进气管的流量最大,如图4-3-18(d)所示。

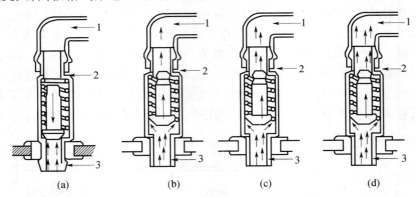

图4-3-18　曲轴箱强制通风装置PCV阀结构示意图

（a）发动机不运转时；（b）发动机怠速或减速；（c）发动机正常运转时；（d）发动机大负荷时。

1—进气岐管；2—计量口；3—曲轴箱气体。

3）曲轴箱强制通风装置的检测与诊断

曲轴箱强制通风装置的检查主要是系统密封性能的检查和PVC阀的检查。

（1）系统密封性能的检查:目视检查各管路、各接头有无破裂、漏气现象。

（2）PCV阀的检查:把PCV阀连接曲轴箱的一端管路拆卸,用手感觉PCV阀的吸力情况。

① 当发动机不运转时,进气岐管没有真空,PCV阀在自重和弹簧力的作用下保持关闭,阀中柱塞的密封面与阀底部接触,阀门关闭,没有吸力。

② 当发动机怠速或减速时,进气岐管的真空度非常高,PVC阀内的柱塞被吸到最上位置,将计量口关闭,几乎没有曲轴箱气体进入进气岐管,此时几乎也没有吸力。

③ 当发动机正常负荷和转速下工作时,进气岐管的真空度下降,弹簧将柱塞下推,计量口的流通截面增大,进入进气岐管的曲轴箱气体增加,吸力较大。

④ 当发动机在大负荷或加速时,进气岐管的真空度非常低,弹簧使阀的开度更大,曲轴箱气体进入进气管的流量最大,吸力也最大。

不符合以上规律则应更换PCV阀。

对于汽车排放控制系统通过检查维护、修理更换之后,用相关仪器经过再次检测,应能达到各项参数的标准要求,发动机排放达标,起动正常,怠速良好,各工况下运转平稳。

汽油蒸汽排放(EVAP)控制系统:各管路无泄漏现象,系统密封性能良好,清污电磁阀工作正常。

废气再循环控制系统(EGR)中EGR阀:无堵、卡现象,真空吸力正常,EGR阀拉杆应能随发动机转速的变化而动作正常。对于设有EGR位置传感器的EGR阀,A与C端子间电阻值应随真空度的增大而增大,不允许有间断;EGR电磁阀:线圈电阻正常($20\sim50\Omega$),工作正常(通电时吹气顺畅,断电时不通气);废气调整阀:真空吸力正常。

三元催化转换器TWC与空燃比反馈控制系统中三元催化转换器TWC:排气顺畅,前、后氧传感器信号参数正常;氧传感器:加热电阻正常,信号参数正常;二次空气供给系统:发动机低温起动后,拆下空气滤清器盖,应听到舌簧阀发出的"嗡嗡"声。拆下二次空气供给软管,用手指盖住软管口检查,在发动机各温度下真空吸力应正常。电磁阀阻值应为$36\sim44\Omega$。

曲轴箱强制通风系统密封性能良好;PCV阀在发动机各工况下吸力正常。

【任务实施】

要求通过以下工作页,完成任务实施过程。任务实施过程分组进行,每组配一部车及一名指导老师,老师适当指导,由学生为主体讨论完成。

发动机电控系统 学习工作页		
学习项目:汽油发动机辅助控制系统认知与检修 学习任务:排放控制系统认知与检修 任务实施:三元催化器和氧传感器认知与检测	姓名:_____ 日期:_____	班级:_____ 学号:____第__页

一、任务

本任务是学习三元催化转换器(TWC)与空燃比反馈控制系统,要求在汽车上找出该系统,熟悉其结构与原理,并能对氧传感器进行检测,以判断是否正常。

二、注意事项

1. 拔接传感器连接器时点火开关要置于OFF。

2. 起动发动机前要确保手刹拉好,变速杆在空挡(手动变速器)或P位(自动变速器),并高喊"发动机起动,请注意!"

3. 选择万用表正确挡位。

三、所用工具

数字式万用表。

四、程序与步骤

对要维修的汽车进行描述:

年份:_____制造商:_____VIN:_____车型与排量:_____

1. 描述氧位置传感器的位置。_____

2. 传感器上连接什么颜色的导线? _____

3. 在方框里画出氧传感器与ECU连接线路图,并标出各端子含义。

```



```

4. 点火开关置于ON,用万用表红表笔接氧传感器电源端子,黑表笔搭铁,测出电压值为 _____ V,标准值为 _____ V。

5. 用表笔的正极接氧传感器的信号(电压)输出端,负极接地,起动发动机并使它怠速运转,观察电压表,情况是_____。随着发动机温度的上升,整个系统进入闭环控制状态,这时整个电压波动范围应是0.1~0.9V,平均值约为0.5V,观察电压表,实际情况如何?_____。将发动机熄火。

6. 点火开关置于OFF,拔下氧传感器插接器,用电阻挡测量加热器电阻。测出值为_____,标准值为_____。

7. 从测试中得出的结论:_____。

【任务评价】

序号	评价指标	评价内容	分值	学生自评	小组评价	教师评价
1	系统查找	是否正确	10			
2	线路图绘制	是否正确	20			
3	各端子判断	是否正确	20			
4	检测方法	电源电压检测方法是否正确	10			
		信号电压检测方法是否正确	10			
		电阻检测方法是否正确	10			
5	安全规范与提问	是否符合安全操作规范	10			
		回答问题是否准确	10			
总　分			100			
问题记录和解决方法		记录任务实施中出现的问题和采取的解决方法(可附页)				

学习项目五　汽油发动机电控系统新技术认知

【教学目标】

1. 了解与熟悉汽油发动机控制技术发展现状与趋势;
2. 了解与熟悉汽油发动机直喷技术的原理与结构;
3. 了解与熟悉油电混合动力车控制技术原理与结构;
4. 了解与熟悉动力传动车载网络技术的原理与结构;

【项目描述】

近年来,轿车发动机机电技术日新月异,发展迅速,新结构、新技术不断出现,特别是缸内直喷、油电混合动力、车载网络技术等技术的实际应用,开创了汽车发动机的新时代。随着全社会轿车拥有量的急剧增长,以汽车维修行业提出了更高的要求。这就需要一线汽车维修从业人员以自身技术水平进行不断学习与提高,以适应技术发展,跟上时代步伐。

本学习项目分为3部分:油电混合动力控制技术、汽油缸内直接喷射控制技术、动力传动车载网络控制技术,主要针对新技术系统了解与认识其结构与原理。

任务一　油电混合动力控制技术

【任务描述】

混合动力电动汽车是将发动机、电动机、能量存储装置(蓄电池)等组合在一起,它们之间的良好匹配和优化控制,可充分发挥内燃机汽车和电动汽车的优点,避免各自的不足,是当今最具实际开发意义的低排放和低油耗汽车。

在本任务将会学习混合动力汽车的发展及分类,掌握混合动力汽车的结构与原理,然后进一步掌握混合动力汽车各个部件的维修。

【任务分析】

本任务主要学习任务为:了解混合动力汽车的分类与特点、掌握混合动力汽车的结构与工作原理、掌握混合动力汽车的关键技术、了解混合动力汽车的前沿技术。

【知识链接】

一、油电混合动力概述

活塞连杆式发动机的缺点之一是低速时需要利用较多的能量来克服内部的摩擦力,这样低速时的效率就比较低,更为严重的是污染环境,统计表明一辆普通轿车在市区仅利用了动力潜能的25%。而混合动力汽车则针对不同的道路环境实施不同的供能方案,能大大降低排放污染程度。例如,在城市运行时,当交通堵塞或遇到红灯时发动机会关闭,当车队移动时或信号灯转为绿灯时驾驶者只要轻踩加速踏板,电动机就能驱动汽车前进。在市区内当汽车发动机无效率空转或车辆移动缓慢时,使用电动机作为动力源不但对环境有利,而且还减少了噪声。因此,越是在交通日益拥挤的大城市使用混合动力汽车,就越能够显示出其节能、环保、适应能力广等优越性。

混合动力总成以动力传输路线分类,可分为串联式、并联式和混联式三种。

串联式动力由发动机、发电动机和电动机三部分动力总成组成。发动机驱动发电动机发电,电能通过控制器输送到蓄电池或电动机,由电动机通过变速机构驱动汽车。串联式结构适用于城市内频繁起步和低速运行工况,可以将发动机调整在最佳工况点附近稳定运转,通过调整蓄电池和电动机的输出来达到调整车速的目的。使发动机避免了怠速和低速运转的工况,从而提高了发动机的效率,减少了废气排放。但是它的缺点是能量几经转换,机械效率较低。

并联式装置的发动机和电动机共同驱动汽车,发动机与电动机分属两套系统,可以分别独立地向汽车传动系统提供转矩,在不同的路面上既可以共同驱动又可以单独驱动。当汽车加速爬坡时,电动机和发动机能够同时向传动机构提供动力,一旦汽车车速达到巡航速度,汽车将仅依靠发动机维持该速度。电动机既可以作电动机又可以作发电动机使用,又称为电动—发电机组。由于没有单独的电动机,发动机可以直接通过传动机构驱动车轮,这种装置更接近传统的汽车驱动系统,机械效率损耗与普通汽车差不多,得到比较广泛的应用。

混联式装置包含了串联式和并联式的特点。动力系统包括发动机、发电机和电动机,根据助力装置不同,它又分为发动机为主和电动机为主两种。以发动机为主的形式中,发动机作为主动力源,电动机为辅助动力源;以电动机为主的形式中,发动机作为辅助动力源,电动机为主动力源。该结构的优点是控制方便,缺点是结构比较复杂。

不同的油电混合动力的工作原理有所差别,下面以丰田普锐斯混合动力汽车为例介绍油电混合动力的工作原理。

二、混合动力汽车的组成分类

国家标准《电动汽车术语》GB/T 19596 - 2004 中对混合动力汽车（Hybrid Electric Vehicle, HEV）的定义为：能够至少从可消耗的燃料、可再充电能或能量储存装置两类车载储存的能量中获得动力的汽车。

《混合动力电动汽车类型》QC/T 837 - 2010 汽车行业标准中对混合动力汽车的组成分类如下：

1. 按照动力系统结构形式分类

按照动力系统结构形式可分为以下 3 类：串联式混合动力电动汽车、并联式混合动力电动汽车、混联式混合动力电动汽车。

1）串联式混合动力电动汽车（Series Hybrid Electric Vehicle, SHEV）

串联式混合动力电动汽车是车辆行驶系统的驱动力只来源于电动机的混合动力电动汽车。其典型的结构特点是发动机带动发电动机发电，电能通过电动机控制器输送给电动机，由电动机驱动车辆行驶。另外，动力电池可以单独向电动机提供电能驱动车辆行驶。

串联式混合动力电动汽车系统结构如图 5 - 1 - 1 所示。串联式结构是由发动机、发电机和驱动电动机三大主要部件总成组成的。发动机仅仅用于发电，发电机发出的电能通过电动机控制器直接输送到电动机，由电动机产生的电磁力矩驱动汽车行驶。发电动机发出的部分电能向蓄电池充电，来延长混合动力电动汽车的行驶里程。另外，蓄电池还可以单独向电动机提供电能来驱动电动汽车，使混合动力电动汽车在零污染状态下行驶。

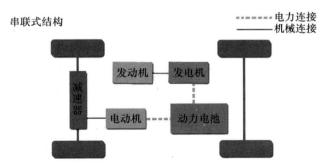

图 5 - 1 - 1　串联式混合动力电动汽车

在串联式混合动力电动汽车上，由发动机带动发电机所产生的电能和蓄电池输出的电能，共同输送给电动机来驱动汽车行驶，电力驱动是唯一的驱动模式，动力流程图如图 5 - 1 - 2 所示。电动机直接与驱动桥相连，发动机与发电机直接连接产生电能,来驱动电动机或者给蓄电池充电,汽车行驶时的驱动力由电动机输出,将存储在蓄电池中的电能转化为车轮上的机械能。当蓄电池的荷电状态 SOC 下降到某一预定值时,发动机即开始对蓄电池进行充电。发动机与驱动系统并没有机械地连接在一起,这种方式可以很大程度地减少发动机所受到的车辆瞬态响应。瞬态响应的减少可以使发动机进行最优的喷油和点火控制,使其在最佳工况点附近工作。

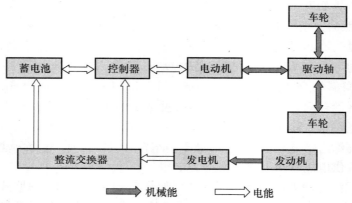

图 5-1-2　串联式混合动力电动汽车动力流程图

　　串联式混合动力电动汽车的发动机能够经常保持在稳定、高效、低污染的运转状态,使有害气体的排放被控制在最低范围。串联式混合动力电动汽车从总体结构上看,比较简单,易于控制,只有电动机的电力驱动系统,其特点更加趋近于纯电动汽车。三大部件总成在电动汽车上,布置起来有较大的自由度,但各自的功率较大,外形较大,质量也较大,因此,在中小型电动汽车上布置有一定的困难。另外,在发动机—发电机—电动机驱动系统中的热能—电能—机械能的能量转换过程中,能量损失较大。从发动机发出的能量以机械能的形式从曲轴输出,并立即被发电动机转换为电能,由于发电机的内阻和涡流,将会产生能量损失(效率为 90% ~ 95%)。电能随后又被电动机转换为机械能,在电动机和控制器中能量又进一步损失,平均效率为 80% ~ 85%。能量转换的效率要比内燃机汽车低,故串联式混合动力驱动系统较适合在大型客车上使用。

　　2)并联式混合动力电动汽车(Parallel Hybrid Electric Vehicle,PHEV)

　　并联式混合动力电动汽车是车辆行驶系统的驱动力由电动机及发动机同时或单独供给的混合动力电动汽车。其典型的结构特点是并联式驱动系统可以单独使用发动机或电动机作为动力源,也可以同时使用电动机和发动机作为

164

动力源驱动车辆行驶。

　　并联式混合动力电动汽车系统结构如图 5 – 1 – 3 所示,该结构主要由发动机、电动机/发电机两大部件总成组成,有多种组合形式,可以根据使用要求选用。两大动力总成的功率可以互相叠加,发动机功率和电动机/发电机功率约为电动汽车所需最大驱动功率的 0.5 ~ 1 倍,因此,可以采用小功率的发动机与电动机发电机,使得整个动力系统的装配尺寸、质量都较小,造价也更低,行程也比串联式混合动力电动汽车的长一些,其特点更加趋近于内燃机汽车。并联式混合动力驱动系统通常被应用在小型混合动力电动汽车上。

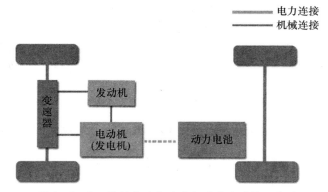

图 5 – 1 – 3　并联式混合动力电动汽车结构示意图

　　并联式驱动系统的典型动力流程图如图 5 – 1 – 4 所示。发动机和电动机通过某种变速装置同时与驱动桥直接相连接。电动机可以用来平衡发动机所受的载荷,使其能在高效率区域工作,因为通常发动机工作在满负荷(中等转速)下,燃油经济性最好。当车辆在较小的路面载荷下工作时,内燃机汽车的发动机燃油经济性比较差;而并联式混合动力电动汽车的发动机此时可以被关闭

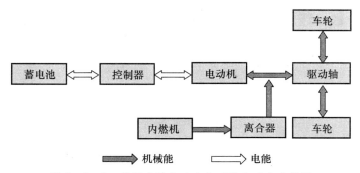

图 5 – 1 – 4　并联式混合动力电动汽车动力流程图

掉而只用电动机来驱动汽车,或者增加发动机的负荷使电动机作为发电机,给蓄电池充电以备后用(即一边驱动汽车,一边充电)。由于并联式混合动力电动汽车在稳定的高速下发动机具有比较高的效率和相对较小的质量,所以它在高速公路上行驶时具有比较好的燃油经济性。

并联式驱动系统有两条能量传输路线,可以同时使用电动机和发动机作为动力源来驱动汽车,这种设计方式可以使其以纯电动汽车或低排放汽车的状态运行,但此时不能提供全部的动力能源。

并联式驱动系统的主要元件为动力合成装置,由于动力合成的实现方法具有多样性,相应的动力传动系统结构也多种多样,通常可将其分为驱动力合成式、转矩合成式和转速合成式3类。

(1)驱动力合成式。驱动力合成式并联混合动力电动汽车示意图如图5-1-5所示。其采用一个小功率的发动机,单独地驱动汽车的前轮。另外一套电动机驱动系统单独地驱动汽车的后轮,可以在汽车起动、爬坡或加速时增加混合动力电动汽车的驱动力。两套驱动系统可以独立驱动汽车,也可以联合驱动汽车,使汽车变成四轮驱动的电动汽车。此种混合动力电动汽车具有四轮驱动汽车的特性。

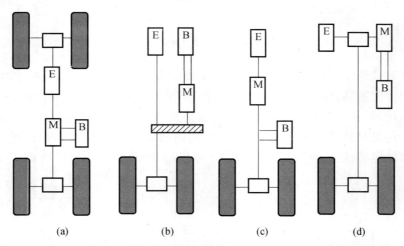

图5-1-5　并联式混合动力汽车的驱动方式
(a)驱动力合成式;(b)双轴转矩合成式;(c)单轴转矩合成式;(d)转速合成式。
E—发动机;M—电动机;B—蓄电池。

(2)转矩合成式(双轴式和单轴式)。转矩合成式并联混合动力汽车示意图如图5-1-5(b)、图5-1-5(c)所示。发动机通过传动系统直接驱动混合动力电动汽车,并直接(单轴式)或间接(双轴式)带动电动机/发电机转动向蓄电池充电。蓄电池也可以向电动机/发电机提供电能,此时电动机/发电机转换成电动机,可以用来起动发动机或驱动汽车。

（3）转速合成式。转速合成式并联混合动力汽车示意图如图5-1-5(d)所示。发动机通过离合器和一个动力组合器来驱动汽车,电动机也是通过动力组合器来驱动汽车。其可以利用普通内燃机汽车的大部分传动系统的总成,电动机只需通过动力组合器与传动系统连接,结构简单,改制容易,维修方便。通常动力组合器就是一个行星齿轮机构,这种装置使发动机或电动机之间的转速可以灵活分配,但它们组合在特定的动力组合器中,因为动力组合器使它们的转矩固定在电动汽车行驶时的转矩上,要通过调节发动机节气门的开度来与电动机的转速相互配合,才能获得最佳传动效果,从而使得控制装备变得十分复杂。

3）混联式混合动力电动汽车(Series-parallel Hybrid Electric Vehicle,PSHEV)

混联式也称为串并联式,混联式混合动力电动汽车是具备串联式和并联式两种混合动力系统结构的混合动力电动汽车。其典型的结构特点是可以在串联混合模式下工作,也可以在并联混合模式下工作,同时兼顾了串联式和并联式混合动力电动汽车的特点。

混联式驱动系统是串联式与并联式的综合,其结构示意图如图5-1-6所示。发动机发出的功率一部分通过机械传动输送给驱动桥,另一部分则驱动发电机发电。发电机发出的电能输送给电动机或蓄电池,电动机产生的驱动力矩通过动力复合装置传送给驱动桥。混联式驱动系统的控制策略是:在汽车低速行驶时,驱动系统主要以串联方式工作;当汽车高速稳定行驶时,驱动系统则以并联工作方式为主。

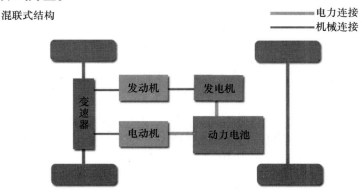

图5-1-6　混联式混合动力电动汽车结构示意图

目前,混联式混合动力结构一般采用行星齿轮机构作为动力分配装置。有一种最佳的混联式结构是将发动机、发电机和电动机通过一个行星齿轮装置连接起来,动力从发动机输出到与其相连的行星架,行星架将一部分转矩传送到发电机,另一部分传送到传动轴,同时发电机也可以驱动电动机来驱动传动轴。这种机构有两个自由度,可以自由地控制两个不同的速度。此时车辆并不是串联式或并联式,而是两种驱动形式同时存在。这种形式充分利用了两种驱动形式的优点。其动力流程图如图5-1-7所示。

混联式驱动系统充分发挥了串联式和并联式的优点,能够使发动机、发电机、电动机等部件进行更多的优化匹配,从而在结构上保证了在更复杂的工况下使系统在最优状态工作,所以更容易实现排放和油耗的控制目标,因此是最具影响力的混合动力电动汽车。与并联式相比,混联式的动力复合形式更复杂,因此对动力复合装置的要求更高。目前的混联式结构一般以行星齿轮机构作为动力复合装置的基本构架。

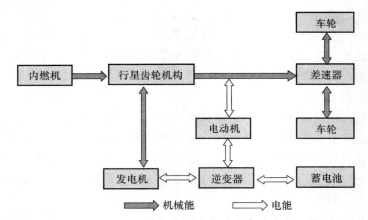

图5-1-7 混联式混合动力电动汽车动力流程图

2. 按混合程度分类

按混合程度分类,即按照电动机相对于燃油发动机的功率比大小可分为3类。

(1)微混合型混合动力电动汽车(Micro Hybrid Electric Vehicle)。以发动机为主要动力源,电动机作为辅助动力,具备制动能量回收功能的混合动力电动汽车称为微混合型混合动力电动汽车。电动机的峰值功率和总功率的比值小于10%。仅具有停车怠速停机功能的汽车也可称为微混合型混合动力电动汽车。

（2）轻度混合型混合动力电动汽车（Mild Hybrid Electric Vehicle）。以发动机为主要动力源，电动机作为辅助动力，在车辆加速和爬坡时，电动机可向车辆行驶系统提供辅助驱动力矩的混合动力电动汽车称为轻度混合型混合动力电动汽车。一般情况下，电动机的峰值功率和总功率的比值大于10%。

（3）重度混合（强混合）型混合动力电动汽车（Full Hybrid Electric Vehicle）。以发动机和/或电动机为动力源，一般情况下，电动机的峰值功率和总功率的比值大于30%，且电动机可以独立驱动车辆正常行驶的混合动力电动汽车称为重度混合型混合动力电动汽车。

3. 按照外接充电能力划分

（1）外接充电型混合动力电动汽车（Off – vehicle Chargeahle Hybrid Electric Vehicle）：一种被设计成在正常使用情况下可从非车载装置中获取电能的混合动力电动汽车。仅当制造厂在其提供的使用说明书中或者以其他明确的方式推荐或要求进行车外充电时，混合动力电动汽车方可认为是外接充电型的。仅用作不定期的储能装置电量调节或维护目的而非用作常规的车外能量补充，即使有车外充电能力，也不认为是外接充电型的车辆。插电式（plug – in）混合动力电动汽车属于此类型。

（2）非外接充电型混合动力电动汽车（Non Off Vehicle Chargeable Hybrid Electric Vehicle）：一种被设计成在正常使用情况下从车载燃料中获取全部能量的混合动力电动汽车。

4. 按照行驶模式的选择方式划分

（1）有手动选择功能的混合动力电动汽车（Hybrid Electric Vehicle with Selective Switch）：具备行驶模式手动选择功能的混合动力电动汽车。车辆可选择的行驶模式包括发动机模式、纯电动模式和混合动力模式三种。

（2）无手动选择功能的混合动力电动汽车（Hydrid Electric Vehicle Without Selective Switch）：不具备行驶模式手动选择功能的混合动力电动汽车。车辆的行驶模式根据不同工况自动切换。

5. 其他划分型式

（1）按照可再充电能量储存系统不同，可以划分为（但不限于）以下类型：

① 动力蓄电池混合动力电动汽车（Traction Battery Hybrid Electric Vehicle）；

② 超级电容器混合动力电动汽车（Super Capacitor Hybrid Electric Vehicle）；

③ 机电飞轮混合动力电动汽车（Electromechanical Flywheel Hybrid Electric Vehicle）；

④ 动力蓄电池与超级电容器组合式混合动力电动汽车（Traction Battery and Supercapacitor Hybrid Electric Vehicle）。

（2）混合动力电动汽车按照其技术特征、燃料类型、功能结构和车辆用途等因素，还可有其他划分形式。

三、混合动力电动汽车的特点

混合动力电动汽车是将原动机、电动机、能量存储装置（蓄电池）等组合在一起，通过它们之间的良好匹配和优化控制，可充分发挥内燃机汽车和电动汽车的优点，避免各自的不足，是当今最具实际开发意义的低排放和低油耗汽车。

较之纯电动汽车，混合动力电动汽车具有如下的优点：

（1）由于有原动机作为辅助动力，蓄电池的数量和质量可减少，因此汽车自身质量可以减小。

（2）汽车的续驶里程和动力性可达到内燃机的水平。

（3）借助原动机的动力，可带动空调、真空助力、转向助力及其他辅助电器，无需消耗蓄电池组有限的电能，从而保证了驾车和乘坐的舒适性。

较之内燃机汽车，混合动力电动汽车具有如下的优点：

（1）可使原动机在最佳的工况区域稳定运行，避免或减少了发动机变工况下的不良运行，使得发动机的排污和油耗大为降低。

（2）在人口密集的商业区、居民区等地可用纯电动方式驱动车辆，实现零排放。

（3）可通过电动机提供动力，因此可配备功率较小的发动机，并可通过电动机回收汽车减速和制动时的能量，进一步降低汽车的能量消耗和排污。显然，混合动力电动汽车研发的主要目的就是要减少石油能源的消耗，减少汽车尾气中的有害气体量，降低大气污染。

四、混合动力汽车结构与原理

1. 混合动力汽车的发动机

发动机功率的选择对混联式混合动力传动系统的设计至关重要。发动机功率偏大，车辆燃油经济性和排放性能就差；发动机功率偏小，后备功率就小，电动机只有提供更多的驱动功率，才能满足车辆一定的行驶性能要求，这势必引起电动机功率和电池组容量取值的增大和车辆成本的增加。另外，电池组数目增多，在车辆上布置困难，车重增加，仅依靠发动机的富余功率难以维持电池组的额定电量，限制了车辆的续驶里程。因此，混合动力汽车的发动机是能满足原车动力性能要求的小功率发动机,这样既可以降低发动机的排量,又可以提高发动机的负荷率,有利于排放和燃油经济性。同普通动力传动系相比,混合动力电动汽车发动机可限制在某一特定区域内工作,特定区域的选择可考虑使发动机燃油消耗最小和尾气污染物排放最少,即考虑发动机燃油消耗率较小的高负荷率区。

此外,发动机最高转速的设计很关键,发动机最高转速过高会加剧部件之间的磨损,降低发动机效率,而发动机最高转速过低可能造成最高车速降低。考虑到部件磨损和最高车速的合理性,通过对现有中小功率发动机进行分析,设计的发动机最高转速为 6000r/min。

2. 混合动力汽车的电动机

电动机是电动汽车的心脏,对于混合动力电动汽车来说,电动机的重要性与发动机是等同的。混合动力电动汽车对驱动电动机的要求是能量密度高、体积小、质量轻、效率高。从发展趋势来看,电驱动系统的研发主要集中在交流感应电动机和永磁同步电动机上,对于高速、匀速行驶工况,采用感应电动机驱动较为合适;而对于经常起动、停车、低速运行的城市工况,永磁同步电动机驱动效率较高。

驱动电动机的控制技术包括大功率电子器件、转换器、微处理器以及电动机控制算法等。高性能的电力电子器件仍处于研究中,并且向微电子技术与电力电子技术集成的第四代功率集成电路方向发展。转换器技术随着功率器件的发展而发展,可分为 DC/DC 直流斩波器和 DC/AC 逆变器,分别用于直流和交流电动机。电动机控制微处理器主要有单片机和 DSP 芯片,目前电动机控制专用 DSP 芯片已被广泛采用,将微处理器与功率器件集成到一块芯片上(即PTC 芯片),是目前的研究热点。

3. 混合动力汽车的动力电池

动力电池是混合动力电动汽车的基本组成单元,其性能直接影响驱动电动机的性能,从而影响整车的燃油经济性和排放性能。混合动力电动汽车使用的电池工作负荷大,对功率密度要求较高,但体积和容量小,而且电池的SOC 工作区间较窄,对循环寿命要求高。能否开发适合混合动力电动汽车的专用动力电池是决定混合动力电动汽车能否大量推广使用的重要因素之一。如何全面、准确地对动力电池进行管理,是决定动力电池能否发挥最佳效能的重要因素。

4. 混合动力汽车的底盘系统

能量再生制动回收是混合动力电动汽车提高燃油经济性的又一重要途径。由于制动关系到行车安全性,如何在最大限度回收制动时的车辆动能与保证安全的制动距离和车辆行驶稳定性之间取得平衡,是再生制动回收系统需要解决的难题之一,再生制动回收系统与车辆防抱死制动系统的结合可以完美地解决这一难题。

5. 普锐斯混合动力汽车的结构原理

越来越多的混合动力车辆产品已进入市场。在这些混合动力车辆中,丰田普锐斯(Prius)是先驱,并已在道路上占有最大数量的份额,是商品化成功的混合动力车辆的典型实例。

丰田 Prius 混合动力系采用了混联式构造(图 5 - 1 - 8)。混合动力系统包含的组件如下:

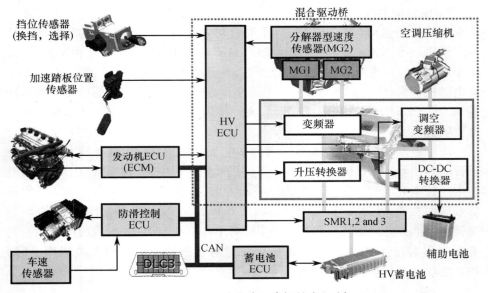

图 5 - 1 - 8　Prius 动力系及其控制系统的概观

(1) 由电动机/发电机 1(MG1)、电动机/发电机 2(MG2)和行星齿轮机构组成的混合动力贯通轴,如图 5 - 1 - 9 所示。

(2) 1NZ - FXE 发动机,如图 5 - 1 - 10 所示。

(3) 由变换器、升压变换器、DC - DC 变换器和 AC 变换器构成的变换器组合件。

(4) 混合动力车辆电控单元(HV ECU)。该装置采集来自传感器的信息,并向发动机控制模块(ECM)、变换器组合件、蓄电池的电控单元(ECU)和滑移控制的电控单元(ECU)发送计算结果,以控制混合动力系统。

(5) 换挡位置传感器。

172

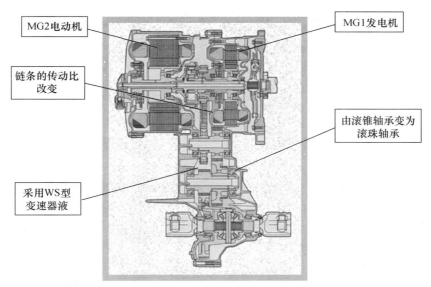

图 5 - 1 - 9 混合动力贯通轴的示意图

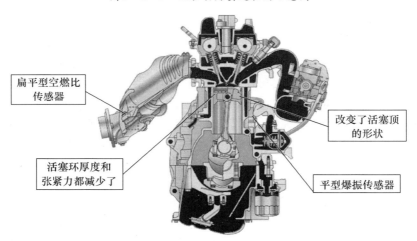

图 5 - 1 - 10 1NZ - FXE 发动机剖面示意图

（6）将加速器角度量变换为电信号的加速踏板位置传感器。

（7）控制再生制动的滑移控制的电控单元（ECU）。

（8）发动机控制模块（ECM）。

（9）高压蓄电池。

（10）蓄电池的电控单元（ECU），它监控高压蓄电池的充电情况，并控制冷却风扇的运转。

（11）关闭系统的维护插塞。

（12）连接和断开高压电源电路的主继电器。

（13）应用于车辆控制系统 DC12V 的辅助蓄电池。

主要部件：

（1）发动机。1NZ – FXE 发动机是 1.5 L 直列式 4 汽缸汽油发动机，配有可变配气正时系统（VVT – i）和电子节气门控制信息系统（ETCS – i）。在2004 年和之后新型 Prius 中，一个特殊的载热质储热系统可从发动机回收热的冷却介质，并储存在绝热罐内，由其保持热量多达 3 天。一个电泵在发动机中预循环热的冷却介质，可以降低通常与冷起动相伴随的碳氢化合物的排放量。

（2）混合动力贯通轴。混合动力贯通轴包含：

①产生电功率的 MG1；②驱动车辆的 MG2；③可提供连续可变传动比，并用作功率分解装置的行星齿轮机构；④由无声链、反转齿轮和末端齿轮组成的减速装置；⑤标准的两小齿轮差速器。

（3）高压蓄电池。高压蓄电池为 Ni – MH 蓄电池。6 个 1.2 V 的单元电池串联组成一个电压为 7.2 V 的蓄电池模块。在 2001 – 2003 Prius 车型中，38 个蓄电池模块被分装在两个支架内，并串联成额定电压为 273.6 V 的高压蓄电池。在 2004 和新型 Prius 中，28 个蓄电池模块被串联成额定电压为 201.6 V 的高压蓄电池。其中，单元电池在两处相连接，以降低内电阻。

蓄电池的电控单元（ECU）提供了以下功能：

① 判断充电/放电电流量，并向混合动力车辆电控单元（HV ECU）输出充电和放电要求，以使蓄电池的荷电状态（SOC）可不变地保持在中等的能级上。

② 判断充电和放电期间生成的热量，并调节冷却风扇以保持高压蓄电池的温度。

③ 监测蓄电池的温度和电压，若发现不正常工作状态，则可限制或停止蓄电池的充电和放电过程，以保护高压蓄电池。

高压蓄电池的电控单元（ECU）控制了蓄电池的荷电状态（SOC），SOC 的指标为 60%。当 SOC 下降到低于该指标范围时，蓄电池 ECU 传递信号至HVECU，然后后者发送信号给发动机控制模块（ECM），增加其功率输出，向高压蓄电池充电。正常的由低到高的 SOC 偏差为 20%，如图 5 – 1 – 11 所示。

高压蓄电池由空气冷却。蓄电池 ECU 借助于三个安置在蓄电池内的温度传感器及一个空气进口处的温度传感器，检测蓄电池的温度。基于它们的读数，蓄电池 ECU 控制冷却风扇的工作循环，以保持高压蓄电池的温度在规定的范围内。

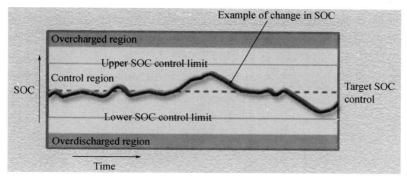

图 5 - 1 - 11　蓄电池 SOC 的控制区间

　　根据来自 HV ECU 的指令,三个开关磁阻电动机(SRM)被接入高压电路或由高压电路关断。其中,两个开关磁阻电动机被安置在电源的正端侧,一个被安置在电源的负端侧,如图 5 - 1 - 12 所示。

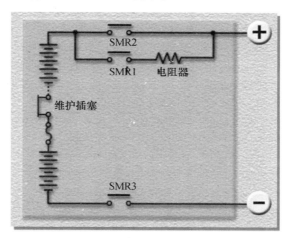

图 5 - 1 - 12　开关磁阻电动机和维护插塞

　　当电路通电后,SRM1 和 SRM3 接入。其中,与 SRM1 串联的电阻器用以防止初始过量的电流(称为涌浪电流)。随后,SRM2 接入,而 SRM1 断开。当去激励时,SRM2 和 SRM3 以指定顺序断开,而 HV ECU 将检验相应继电器正确关断的动作。

　　一个维护插塞被安置在两个蓄电池支架之间。当该维护插塞被切断时,高压电路关断。这一维护插塞组件也含有一个安全联锁的簧片开关。当提升维护插塞上的夹片时,将断开簧片开关,从而开关磁阻电动机被断离电源。对高压电路来说,这也是在维护插塞组件内的主熔丝。

五、混合动力系统控制模式

丰田 Pries 混合动力系统应用了混联式混合动力构造如图 5 – 1 – 13 所示，如前所述，它有许多运行模式。

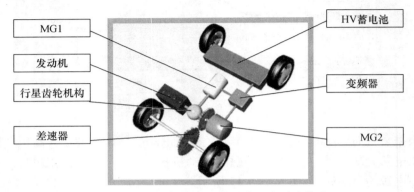

图 5 – 1 – 13　丰田 Pries 混联式混合动力构造

1. Prius 采用的控制策略：

（1）当车辆出发，且以低速运行时，MG2 提供主要的原动力。若高压蓄电池处于低荷电状态，则发动机可立即起动。一般，当车速增加至 24 ~ 32km/h 时，发动机将起动运转。

（2）在正常情况下行驶时，发动机功率分配为两个功率流通路：一部分驱动车轮，另一部分驱动 MG1 产生电能。为获得最大的运行效率，HV ECU 将控制该能量分配的比例。

（3）在全加速期间，功率除由发动机提供外，还从高压蓄电池供电给 MG1 得到增补的功率。发动机转矩与 MG2 转矩相组合，提供加速车辆所需的功率。

（4）在减速或制动期间，车轮驱动 MG2，MG2 将呈现为发电动机功能，用于回收再生制动能量。从制动中回收的能量被储存在高压蓄电池组合之中。

2. 随不同行驶情况而定的发动机、MG1 和 MG2 的运行模式

（1）停车。若高压蓄电池已完全充电，且车辆静止不动，则发动机可关闭。但是，若高压蓄电池需要充电，同时在 2001 – 2003 型中选择 MAX AC，则因发动机驱动压缩机，发动机将连续运转。应指出，在 2004 和新车型中，采用了电驱动的压缩机。图 5 – 1 – 14 给出了发动机、MG1 和 MG2 运行模式的描述。

（2）出发。当在轻载荷和节气门微开状态下车辆出发时，仅 MG2 运转提供功率。发动机并不运转，而车辆仅由电力供应运行。MG1 反向运转，且正如空转一样，不发电，如图 5 – 1 – 15 所示。

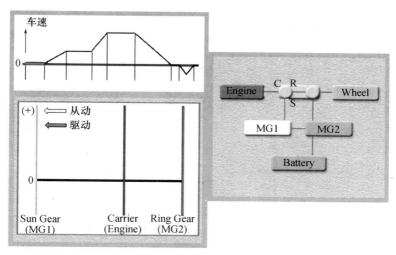

图 5 – 1 – 14　在停车情况下的运行

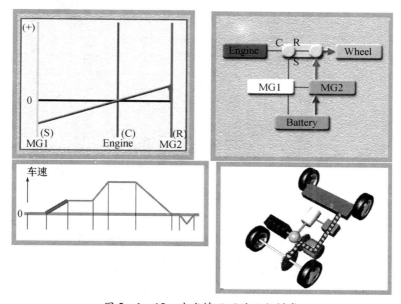

图 5 – 1 – 15　出发情况下的运行模式

（3）发动机起动。当车速增加至 24 ~ 32km/h 时，发动机起动运转。发动机借助于 MG1 起动。发动机、MG1 和 MG2 运行模式的描述如图 5 – 1 – 16 所示。

（4）借助于发动机的轻微加速。在这一模式中，发动机向驱动轮传递其功率，MG1 发电。若需要时取决于发动机功率和所要求的行驶功率，则 MG2 可辅助发动机用于牵引。

此时,MG1 发出的能量可等于传输给 MG2 的能量。发动机、MG1 和 MG2 运行模式的描述如图 5 – 1 – 17 所示。

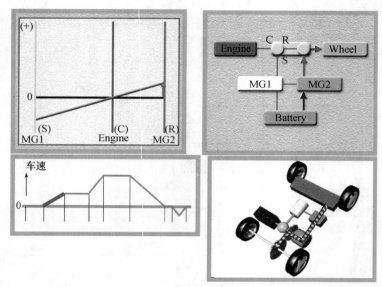

图 5 – 1 – 16　发动机起动情况下的运行模式

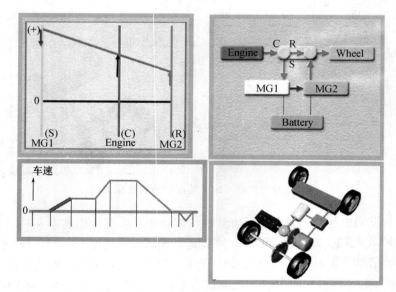

图 5 – 1 – 17　发动机轻微加速情况下的运行模式

（5）低速巡航。这一运行模式与借助于发动机的轻微加速模式相类似，如图 5 – 1 – 18 所示。

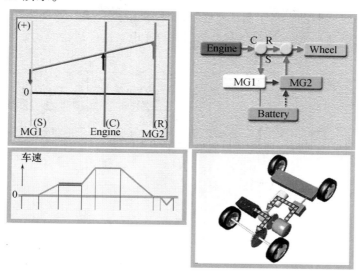

图 5 – 1 – 18　低速巡航情况下的运行模式

（6）全加速。在这一模式中，发动机向驱动轮和 MG1 传递其功率，MG1 处于发电动机运行状态。MG2 则将其功率加入到发动机功率之中，并传递至驱动轮，如图 5 – 1 – 19 所示。

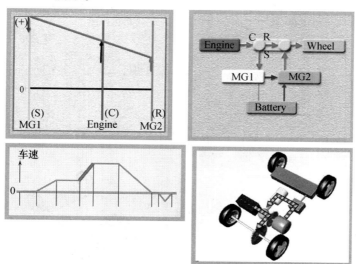

图 5 – 1 – 19　全加速情况下的运行模式

此时,MG2 从高压蓄电池吸收的功率大于 MG1 产生的功率,因此高压蓄电池向驱动系统提供能量,而其荷电状态下降。

(7)减速或制动。当车辆减速或制动时,发动机关闭。MG2 变为发电动机,并由驱动轮带动且发电,向高压蓄电池组件再充电。这一运行模式如图 5 - 1 - 20 所示。

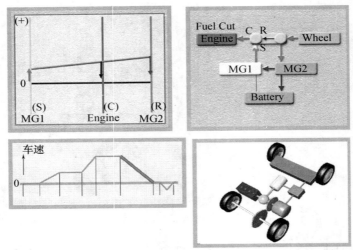

图 5 - 1 - 20　减速或制动情况下的运行模式

(8)倒车。当车辆倒车时,MG2 作为电动机,反向旋转。发动机关闭。MG1 正向旋转,且正如空转一样,如图 5 - 1 - 21 所示。

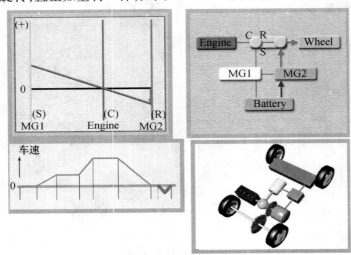

图 5 - 1 - 21　倒车运行模式

【任务实施】

要求通过以下工作页,完成任务实施过程。任务实施过程分组进行,每组配一部车及一名指导老师,老师适当指导,由学生为主体讨论完成。

<table>
<tr><td colspan="4">发动机电控系统
学习工作页</td></tr>
<tr><td colspan="2">学习项目:汽油发动机电控系统新技术
学习任务:油电混合动力控制技术
任务实施:油电混合动力认知</td><td>姓名:_____
日期:_____</td><td>班级:_____
学号:____第__页</td></tr>
</table>

一、任务

本任务是对油电混合动力总体认识,要求能在油电混合动力汽车实物上初步认识各个控制系统和部件,包括控制单元、电动机和 HV 电池的安装位置和外形的认识,以及在不同传动模式下的动力驱动路线的认识,为后续课程学习打好基础。

二、注意事项

1. 本工作页在完成过程需起动发动机及需要在指定路面驾驶车辆,请有专业资质的指导老师协助完成教学过程;

2. 因该系统最高电压达 500V 以上,足以致人死亡,请在专业指导老师指导下作业,严禁擅自操作;

3. 同一小组同学可以讨论完成,并做好记录。

三、程序与步骤

1. 设备与工具准备:

①装备混合动力车辆;②对应车辆的维修手册、电路图、培训手册、教学挂图;③安全防护设备。

2. 你所接触的混合动力车辆是哪一种动力模式:□ 串联式□ 并联式□ 混联式

3. 该车的 HV 蓄电池(动力电池)位于车辆的位置_____。

4. 该车的发动机型号:_____;发动机工作循环是:_____。

5. 用于连接 HV 蓄电池与电动机的线缆是颜色,请回答:为什么它与其他导线明显地区分颜色?

_____

6. 该车的驱动电动机位置于车辆的位置?_____

7. 请指导老师驾驶车辆在指定的路面实车演示,学生随车学习,并回答以下问题:

① 车辆静止时(点火开关置于 ON),发动机是否已发动? □ 是   □ 否

② 车辆起步时,发动机是否已发动? □ 是   □ 否;动力提供者是_____。

③ 车辆加速时,发动机是否已发动? □ 是   □ 否;动力提供者是_____。

④ 车辆制动时,发动机是否运转? □ 是   □ 否;能量是否有回收? _____。

⑤ 若上述车辆状态下,发动机为运转状态,是否与蓄电池电量相关? 为什么?

8. 拓展题:混合动力车辆维修从业人员需要具备什么资质?

序号	评价指标	评 价 内 容	分值	学生自评	小组评价	教师评价
1	正确描述部件位置	描术是否正确	20			
2	能正确确定动力传递路线	判断是否正确	40			
3	能正确确认维修注意事项	判断是否正确	20			
4	安全规范与提问	是否符合安全操作规范	10			
		回答问题是否准确	10			
总分			100			
问题记录和解决方法		记录任务实施中出现的问题和采取的解决方法(可附页)				

任务二　汽油缸内直接喷射控制技术

【任务描述】

汽油发动机的发展历史上,化油器到进气管燃油喷射是一次技术上的重大飞跃,随着电控系统的引入,以往简单粗糙的机械控制系统逐渐改由复杂精确的电子化控制。现在,另一个里程碑式的技术正在到来,即缸内直接喷射技术。单从技术出发点和原理上来讲,这一技术颠覆了100多年来汽油发动机的燃油供应方式,甚至颠覆了之前一直认为过于稀薄的混合气在汽缸内不可能被点燃的理论。

掌握和理解缸内直喷技术对于发动机电控系统学习有着非常重要作用,需要学习者尽快跟上时代步伐。

【任务分析】

本任务主要就汽油缸内直喷技术进行原理与结构进行叙述,包括两个方面:缸内直喷技术发展与现状、现行应用最广泛的几种缸内直喷发动机结构与原理。

本任务主要学习任务为:了解汽油发动机缸内直喷的类型与特点、掌握汽油发动机缸内直喷控制系统的结构与工作原理,掌握稀薄燃烧、分层燃烧的工作原理与工作特点,了解汽油发动机缸内直喷控制技术的前沿技术。

一、汽油缸内直接喷射控制技术概述

缸内直接喷射技术是指将喷油器置入汽缸内,利用发动机电控系统经过计算分析精确控制喷射量,通过高压将汽油雾化喷入燃烧室,使缸内燃油与空气接近理想的混合状态,并由火花塞点燃实现充分燃烧,从而提高发动机的动力性和燃油经济性,同时将有害气体排放降到最低水平。

1. 采用缸内直接喷射技术的优势

发动机开发的主要目标是尽可能地降低燃油消耗和废气排放。与传统的电控燃油喷射技术相比,汽油发动机缸内直接喷射技术拥有六大优势。

(1)节省燃油。现代发动机技术的趋势之一就是节约燃料,而缸内直喷技术可以大大提升燃油与空气混合的雾化程度与混合的效率,以节约燃油。采用缸内直喷技术的车型燃油消耗水平可达20%以上,车辆的运行成本将由于低燃油消耗而下降。

(2)减少废气排放。人类对生存环境的重视也造就了环保发动机的不断诞生。缸内直喷发动机的高压燃油泵能提供高达12MPa的压力,确保燃料充分燃烧,最大程度地减少废气中的有害污染物,保护环境。

(3)提升动力性能。由于燃料的混合更充分,燃烧更彻底,使燃料转化为动能的效率提升,直接推动了发动机动力性能的提高,同排量下,最大功率可提高15%。

(4)减少发动机振动。由于缸内直喷技术允许更高的压缩比,缸内爆燃情况大大减少,对降低发动机低速下的振动也有明显的效果。

(5)喷油量的准确度提升。缸内直喷技术的关键就是电控系统的精确控制。由于电控系统会感知发动机缸内的实际工作情况,并在瞬间完成对喷油量、喷油时间和压力的微调,保证发动机始终处于精确的喷油状态。

(6)发动机更耐用。新技术不但提升效率,减少排放,更对发动机寿命的延长起到积极的作用。燃油被直接喷射于汽缸内并迅速转化为能量,大大降低了传统发动机燃油依附于进气歧管而带来的积炭等损害。

2. 缸内直接喷射汽油机与燃油喷射汽油机的区别

传统的燃油喷射汽油发动机是通过电控单元采集发动机各传感器相关数据从而控制喷油器将汽油喷入进气歧管。雾化的汽油在进气歧管内开始与空气混合,然后再进入到汽缸中燃烧。空气与汽油的最佳混合比是14.7∶1(理论空燃比)。由于汽油和空气是在进气歧管内混合,所以必须达到理论空燃比才能获得较好的动力性和经济性。但由于喷油器离燃烧室有一定的距离,汽油和空气的混合情况受进气气流和气门开关的影响较大,并且微小的燃油颗粒会吸附在管道壁上,这样理论空燃比很难达到,这是传统的燃油喷射汽油发动机很难解决的一个技术问题,把燃油直接喷射到汽缸中就可以解决这一难题。

缸内直接喷射汽油发动机采用类似于柴油发动机的供油技术,通过一个高压燃油泵提供所需的10MPa以上的压力,将汽油提供给位于汽缸内的电磁燃油喷油器。然后通过电控单元控制喷射器将燃料在最恰当的时间直接注入燃烧室,通过对燃烧室内部形状的设计,让混合气能产生较强的涡流使空气和汽油充分混合。然后使火花塞周围区域能有较浓的混合气,其他周边区域有较稀的混合气,保证了在顺利点火的情况下尽可能地实现稀薄燃烧。如图5-2-1所示,高压喷油器直接向汽缸内喷射燃油,这是缸内直喷的最明显特征,而传统发动机的喷油器则安装在进气道中。

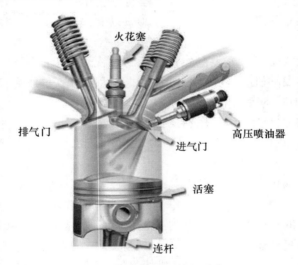

图5-2-1　缸内直接喷射

3. 缸内直接喷射技术的问题

缸内直接喷射技术存在的一个主要问题是废气后续处理。在分层充气模式和均质稀薄充气模式中,传统的闭环三元催化转化器不能快速地将燃烧过程中产生的氮氧化物转换成氮气。只有开发了氮氧化物存储式催化转化器后,才能使得排放废气符合欧Ⅳ废气排放标准。

在该系统中,氮氧化物被暂时地储存在转换器中,然后系统性地转换成氮气。而对于汽油中的硫成分,由于硫酸的化学特性与氮氧化物的类似,所以硫也同样会被储存在氮氧化物存储式催化转化器内,并且占用了应当存储氮氧化物的空间。汽油中硫的含量越高,存储式催化转化器的再生就越频繁,因此就要消耗额外的汽油。

4. 缸内直接喷射技术的发展

1)燃油供给系统

缸内直接喷射汽油发动机燃油供给系统设计,为了达到分层稀薄混合气所要求的喷雾质量和灵活的喷油定时,均采用了精度高、响应快的柔性电控手段。高压共轨喷射系统加电磁驱动喷油器被认为是满足缸内灵活喷射要求的喷射系统之一。

如图5-2-2所示,该系统由低压输油泵、燃油压力传感器、喷油压力控制阀、高压燃油泵、蓄压燃油轨、电磁高压喷油器等组成。电动低压输油泵把燃油从燃油箱输送到高压燃油泵,高压燃油泵由发动机凸轮轴驱动,将低压燃油泵送来的压力约0.35MPa的燃油增压到8~12MPa,并送往蓄压燃油轨,充满各缸喷油器的油腔。当ECU令喷油器的电磁线圈通电使针阀打开时,汽油通过喷油器喷入汽缸。

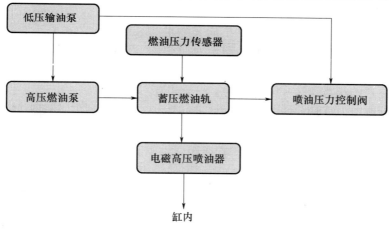

图5-2-2　高压共轨喷射系统

2)喷射系统

燃油喷射系统中,喷油器的结构形式对喷雾质量的影响很大。由于汽油机的喷射压力远低于柴油机,如采用多孔喷油器,则容易在工作中形成积炭堵塞,雾化分层不好,燃烧时火焰传播不稳定,因此缸内直喷汽油发动机上一般不采用多孔喷油器。目前在缸内直喷汽油发动机上得到广泛应用的是内开式旋流喷油器,它只有一个喷孔,工作燃油压力为5~10MPa,其内部设有燃油旋流腔,可以通过涡流比的选择而实现较好的喷雾形态和合适的贯穿度的配合,且喷束方向便于调整,方便了在汽缸内的布置。新型喷油器的研究重点是对其内部的结构细节进行进一步的改进设计,以期进一步提高喷油器的性能和使用寿命。

3)喷射模式

缸内直喷汽油发动机燃油喷射模式可以分为单阶段喷射模式和多阶段喷射模式。

单阶段喷射模式是指在中小负荷时,燃油在压缩行程后期喷入,实现混合气分层稀燃并采用均质调节以避免节流阀的节流损失,从而使缸内直喷汽油发动机达到与柴油机相当的经济性;在大负荷和全负荷时,燃油在进气行程中喷入汽缸,实现均质预燃和燃烧,以保持汽油发动机升功率高的特点。

多阶段喷射模式是指在进气行程中先喷入所需燃料的1/4,形成极稀的均质混合气,其余燃料在压缩行程后期再次喷入,形成分层混合气。火花塞点火时,首先在浓混合气处形成较强的火焰,然后向稀混合气空间迅速传播。应用该技术可实现发动机从中小负荷到大负荷的平稳过渡,降低汽缸内的气体温度,抑制爆燃的产生。

4)燃烧系统

燃烧系统的设计是缸内直喷汽油发动机的关键技术。要成功实现中小负荷时的分层稀燃和大负荷时的均质预混,就需要进行燃油喷束、气流运动和燃烧室形状的优化合理配合。已经开发的缸内直喷汽油发动机燃烧系统,按喷油器和火花塞的相对位置和混合气的组织形式有三种类型。

(1)壁面引导法(Wall - guided System)。喷油器和火花塞相隔较远,喷油器把燃油喷入活塞凹坑中,然后依靠进气流的惯性将油气混合送往火花塞。为了避免喷油器的温度过高,一般安置在进气门侧,活塞凹坑开口对向进气门侧.油气混合后直接流向火花塞。这种类型形成混合气的时间较长,易于形成较大区域的可燃混合气。

(2)气流引导法(Flow - guided System)。利用活塞表面的特殊形状形成缸内气流和油束的相互作用。此种系统不是把油雾朝活塞的凹坑喷射,而是朝火花塞喷,特殊形状的进气道与喷油器呈一定的夹角,给混合气在汽缸内一定的回旋力,汽缸内形成的气流使油气不是直接喷向火花塞,而是在汽缸内形成涡流围绕火花塞旋转。这样就使大部分工况都能实行恰当的混合气充量分层和均质化。

(3)喷束引导法(Spray - guided System)。喷油器安装在燃烧室中央,火花塞安装在喷油器附近,喷束引导法对空气的利用率依靠油束的贯穿深度保证,而油束的贯穿深度则受喷油器的喷油压力控制。这种方式可以在低负荷的分层燃烧实现良好的燃油经济性,而当发动机处于中高负荷工况时,ECU调节高压燃油泵压力,使油束贯穿深度增大,从而实现均质加浓燃烧。

上述三种燃烧系统方案的划分是十分粗略的,实际情况是上述几种方案交叉存在,各种因素并存并相互影响。

5）缸内空气流动

汽缸内的空气流动对喷雾和燃烧的影响很大。缸内直喷汽油发动机缸内空气的流动有涡流、滚流和挤流。涡流的旋转轴线平行于汽缸中心线;滚流的旋转轴线垂直于汽缸中心线;挤流形成于压缩行程活塞接近上止点时与缸盖间隙处的径向气体运动,它有助于加强压缩终了时的湍流强度。

目前大部分缸内直喷汽油发动机应用涡流作为缸内空气流动的主要形式。

二、缸内直接喷射技术的实际应用

1. 三菱汽车缸内汽油直接喷射 GDI

三菱 1.8L 顶置双凸轮轴 16 气门 4G93 型 GDI（Gasoline Direct – Injection）发动机自 1996 年首次推出之后得到了广泛的应用,迄今为止三菱汽车公司共生产了一百多万台 GDI 发动机。

GDI 发动机采用壁面引导燃烧方法和两次喷射,采用了立式吸气口、弯曲顶面活塞、高压旋转喷油器等三种技术手段(图 5 – 2 – 3)。

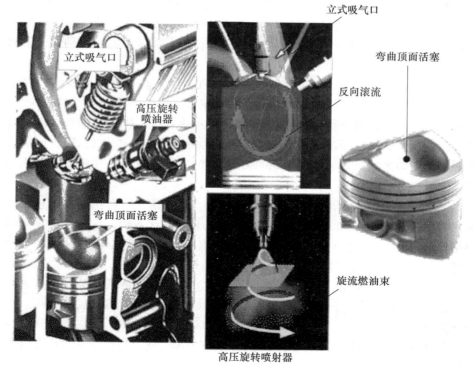

图 5 – 2 – 3　三菱缸内汽油直接喷射 GDI 系统内部结构

（1）立式吸气口立式吸气口代替了传统的横向吸气口，通过来自上方的强大下降气流，形成与以往发动机相反的缸内空气流动——纵向涡流转流。

（2）弯曲顶面活塞 GDI 发动机活塞的顶部一半是球形，另一半是壁面。活塞顶面的凸起部分像屋顶，又称"弯曲顶面活塞"，它缩小了燃烧室的容积，有助于形成强势涡流。缩小燃烧室容积必然提高了压缩比，因此 GDI 的压缩比可达到 12：1，比以往发动机高出 1/3 左右。压缩比提高了，缸内温度必然也随之提高，有助于稀燃。压缩比高，输出功率增大，这样也就弥补了稀燃带来的功率损失。

（3）高压旋转喷油器通过高压旋转喷油器喷射出雾状汽油，在压缩行程后期的点火前夕，被气体的纵涡流融合成球状雾化体，形成一种以火花塞为中心，由浓到稀的层状混合气状态。

GDI 发动机的喷油过程共分两个阶段，也就是两次喷油。

（1）辅喷油阶段。在进气行程时，发动机会进行一次喷油，这次喷油是辅喷油，喷油的数量不大，喷油的主要目的也不是为了点火燃烧。当一定数量的汽油在进气行程被喷射到汽缸内时，这部分少量的汽油会汽化挥发，液体的汽化和挥发是会吸收热量的，这样就能降低汽缸内的温度。汽缸内的温度低了，汽缸内可以容纳的气体密度就会自然增大。所以这次喷油的结果是给汽缸降温的同时，还可以提高进气密度，让更多的空气进入到汽缸，而且能确保汽油跟空气均匀地混合。

（2）喷油阶段。第二次喷射是主喷油过程。当活塞即将达到发动机压缩行程的上止点时，在火花塞点火之前，会有一定量的汽油再次被喷出，这次喷射被称为主喷油。此时，活塞的凹面会使混合气在火花塞周围形成一个浓度较高的区域，这种相对较浓的混合气能在火花塞点火的情况下被顺利点燃，而周围混合气较稀的区域是无法被火花塞的火焰直接点燃的，它只能在中心区域成功燃烧以后，利用燃烧产生的能量同时点燃。

由于采用了上述设计，GDI 发动机能在 40：1 的超稀空燃比情况下正常运转，而且它的空燃比能比普通缸外喷射发动机的空燃比更稀。这样的优势是显而易见的，在这种稀薄燃烧的情况下，燃料可以更加充分地燃烧，充分利用每一滴燃油的所能产生的动能。与此同时，由于燃烧充分，可以大幅度减少未燃烧的气体从发动机里排出，从而获得更低的排放。GDI 的分两段喷油除了实现上述功能外，还能有效减小爆燃的产生，从而可以采用更高的压缩比，获得更强劲的动力输出。

虽然 GDI 发动机可以降低整体的废气排放污染，但是同时它有一个非常大的缺点，那就是氮氧化物的排放非常高。为了减小这类污染物的排放，需要采用有效的有针对性的三元催化装置才能保证尾气的排放达到环保部门的要求。但是在国内，油品中的含硫量非常高，这种含硫量高的汽油燃烧后很容易产生硫化物，而硫化物会让催化器中毒，从而导致催化反应失效，这样一来 GDI 发动机高排放的氮氧化物无法得到还原处理。这也就是为何到目前为止，国内没有一款匹配三菱 GDI 发动机的车销售的原因。

2. 奔驰汽车缸内直接喷射 CGI

奔驰 CLS 350 CGI(Stratified – Charged Gasoline Injection)轿车搭载的 M272 DE V6 缸内直喷汽油发动机，是由奔驰公司和博世公司合作开发的世界上第一台采用压电式喷油器的缸内直喷汽油机，其特点是采用喷束引导燃烧方法和三次喷射模式(图 5 – 2 – 4)。

图 5 – 2 – 4　奔驰缸内直接喷射 CCI 系统内部结构

(1) 燃油供给与喷射系统 CGI 发动机上使用的高压压电喷油器是整个系统的精髓，采用几微米宽锥状环形喷孔，这种结构可以塑造一个稳定的、非常理想的从浓到稀的喷雾效果。在喷射时，还可以吸收周边紊乱的空气颗粒，进入燃油喷射的层与层之间，形成一个理想的点火前状态。当然，这个喷雾效果是建立在一个高压供给系统上的。CGI 发动机还包括高压燃油泵以及后面的燃油导轨以及其中的燃油压力调节阀，它们为系统提供稳定的燃油。在燃油导轨中，峰值燃油压力可以达到 20MPa，约是普通电喷汽油发动机的 70 倍，比一些其他缸内直喷发动机也高得多，这样做的目的就是为了分层喷射时有理想的喷雾效果，在高转速下有足够量的汽油供给。而且由于在喷射瞬间，导轨内的压力不可避免会出现瞬间下降，高压也会让这种瞬间压力变化减小，喷射也就更加精确无误。

(2) 压电直喷技术由于目前的缸内直喷发动机都存在分段控制模式，也就是低转速时使用分段多次喷射燃烧,高转速下就不再使用,主要原因是目前的喷油器都是螺旋线圈电磁控制式的,在高转速状态下,喷油时间要求极短,喷油器响应速度并不适合太高转速。因此,奔驰开发了压电触发的喷油器,也就是利用活塞在压缩行程的压力,通过压力变形下的微弱电信号,经过放大电路放大后控制阀门开闭。压电喷油器百万分之一秒的反应时间,使喷油器基本的多点分层喷射成为可能,在每次压缩短时间内,再分为多次喷射,特别是高转速下,也同样有分段喷射,从而得到更理想的稀薄燃烧,这对提高发动机燃烧效率是至关重要的。

(3)尽管奔驰 CGI 发动机在很多方面都有突破,但和其他缸内直喷发动机一样,也面临一个头痛的问题,那就是因高压缩比带来的高温副作用,产生了过多的氮氧化物的排放。奥迪使用 EGR(废气再循环)加三元催化的方法,使废气净化得以有效缓解,奔驰则使用了专门的氮氧化物净化器以及传感器,效果虽然更好,但价格却比三元催化转化器要贵得多。

3. 宝马汽车高精准缸内直接喷射 HPI

目前,宝马的直四、直六、V8 和 V12 发动机上均配有高精准缸内直接喷射(High Precision Injection,HPI 图 5 - 2 - 5),同样采用了喷束引导燃烧方法和二次喷射。HPI 发动机能做到每分钟 2000 次独立燃油喷射,每次喷射的油量可低至 2mg,通过阀门之间的中央部位的压电式喷油器喷油可以被控制得异常精确。HPI 发动机具有独特的燃油消耗优势,不必考虑是否限制发动机的动力性能。这种改进主要是通过将压电式喷油器设置在气门的中心位置并安装在靠近火花塞附近的区域来得以实现的。

图 5 - 2 - 5　宝马高精准缸内直接喷射 HPI 系统内部结构

190

在这个位置上,HPI 发动机使用的喷油器向外开启,成锥形分配燃油,并均匀地进入燃烧室。这样不仅有助于更精确地测量混合气,还能够达到冷却效果,允许更高的压缩比,因此优化了燃烧效率。

HPI 发动机在过量空气系数 A 处于 0.9 ~ 2.5 的范围内工作时,可以在极低的燃油消耗下实现其功率输出潜能,反过来仅具有极低的对人和环境有害的污染物排放水平。

除此以外,采用 HPI 技术的还有菲亚特的 JTS、雷诺 IDE、日产的 GTDI、奥迪和大众的 FSI 以及通用的 SIDI 等,缸内直喷技术已经成为各大汽车厂商竞相研究和逐步投入使用阶段的新技术。

4. 大众汽车 FSI 缸内直喷发动机技术

1）大众汽车 FSI 缸内直喷发动机（图 5 - 2 - 6）

图 5 - 2 - 6　大众汽车 FSI 缸内直喷发动机

FSI(Fuel Stratified Injection)指燃油分层喷射,是直喷式汽油发动机领域的一项革命性技术。2002 年,大众在 Lupo FSI 和 Colf FSI 发动机上首次使用了带 Bosch Motronic MED 7 发动机管理系统的汽油直接喷射系统。Colf FSI 1. 6L 发动机采用气流引导和壁面引导结合的燃烧方法,可使燃油与空气达到理想的混合效果。

2004 年,大众奥迪在 FSI 发动机中融入涡轮增压技术形成 TFSI 发动机技术。涡轮增压技术的加入在不改变排量的基础上提升了发动机的工作效率。奥迪 A6L 2. 0 TFSI 发动机采用气流引导的燃烧方法,大大降低了燃油消耗和有害气体的排放。

理论上,大众奥迪 FSI 发动机有三种操作模式:分层充气模式、均质稀薄充气模式和均质充气模式(图 5-2-7)。ECU 根据转矩、功率、废气和安全要求选择相应的操作模式。

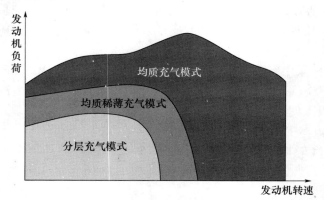

图 5-2-7　三种操作模式的发动机负荷与转速区域

2) 分层充气模式

从起动到中间负荷和转速的区域,发动机一直运行在分层充气模式中。在此操作模式中,发动机产生的转矩仅由被喷入的燃油量确定,进气空气质量和点火提前角产生的影响很小。进入分层充气模式的前提条件是:

- 发动机在相应的负荷和转速区域中;
- 系统中没有与废气排放相关的故障;
- 冷却液温度高于 50℃;
- 氮氧化物传感器准备就绪;
- 氮氧化物存储式催化转化器的温度在 250~500℃。

(1) 进气如图 5-2-8 所示,在分层充气模式中为了尽可能地降低节气门

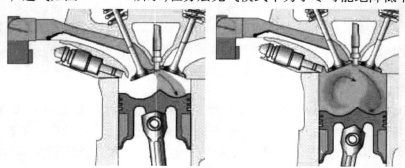

图 5-2-8　分层充气模式的进气阶段

192

的节流损失,节气门将尽可能地开大。进气过程中的关键是进气歧管中安置一翻板,翻板向上开启封住下进气歧管,让进气加速通过,与ω形活塞顶配合,形成进气涡旋。

(2)喷油如图5-2-9所示,分层充气模式的喷油过程发生在压缩行程的最后1/3时,开始于约上止点前60°,结束于约上止点前45°,喷油时刻对混合气的形成有很大影响。如图5-2-10所示,燃油被喷射在活塞顶的凹坑内,喷油器喷嘴的几何形状使得空气与燃油的混合物能根据需要进行分配。如图5-2-11所示,燃油通过燃油凹腔和向上的活塞运动被引导至火花塞。这一过程得到可转向空气流的帮助,它也将燃油引导至火花塞。燃油在被引导至火花塞的过程中与吸入的空气混合。

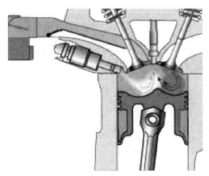

图5-2-9 分层充气模式的喷油阶段

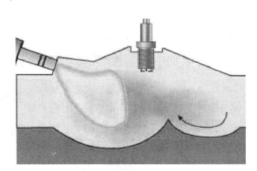

图5-2-10 燃油喷出示意图

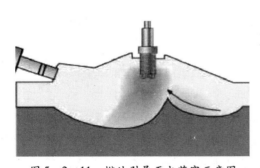

图5-2-11 燃油引导至火花塞示意图

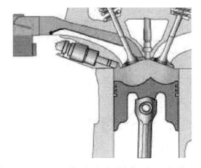

图5-2-12 分层充气模式的混合气形成

(3)混合如图5-2-12所示,混合气形成只能发生在曲轴转角40°～50°,这对点火性能来说是一个决定性的因素。如果喷油和点火之间的时间间隔太短,则由于混合物还没有足够的准备时间,所以不能被点燃。如果时间间隔太长,则会导致在整个燃烧室内的进一步均质化。这就是要在燃烧室中心的火花塞周围形成一层混合气气雾的原因。这些混合气气雾被一层由新鲜空气和再循环废气完美组合的外层包围。此时，整个燃烧室内的 λ 一般在 $1.6 \sim 3$ 之间。

（4）燃烧如图 5-2-13 所示，空气与燃油的混合物在火花塞周围区域准确定位后，点火周期就开始了。此时，仅雾化的混合物被点燃，因为有其他气体起着隔离层的作用，这样就减小了汽缸壁的热损耗并且提高了发动机的热效率。由于空气过量程度较高，NO_x 的排放非常高，可通过较高的废气再循环率来解决这一问题。

3）均质稀薄充气模式

在分层充气模式和均质充气模式之间的过渡区域中，发动机运行在均质稀薄充气模式中。

（1）进气如图 5-2-14 所示，就如在分层充气模式中那样，节气门将尽可能地开大并且进气歧管翻板被关闭。这样，首先会降低节气门上的节流损失，其次会在汽缸中产生强烈的空气流。

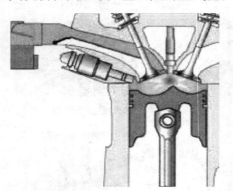 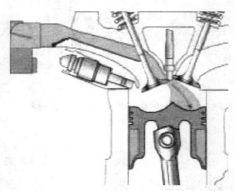

图 5-2-13　分层充气模式的　　　图 5-2-14　均质稀薄充气模式分的
　　　　　燃烧阶段　　　　　　　　　　　　进气阶段

（2）喷油如图 5-2-15 所示，燃油在上止点前约 300° 时被直接喷入汽缸。ECU 对喷油量进行调节使得过量空气系数 A 约为 1.55。

（3）混合如图 5-2-16 所示，由于喷油点提前，就给预点火混合物的形成留出了更多的时间，从而导致燃烧室中形成均质混合物。

（4）燃烧如图 5-2-17 所示，点火时，燃烧发生在整个燃烧室内，均质稀燃的点火时间选择范围宽泛，有很好的燃油经济性。

4）均质充气模式

均质充气模式能充分发挥动态响应好、转矩和功率高的特点。在更高负荷和转速的区域中,发动机运行在均质充气模式中。

(1) 进气如图 5 – 2 – 18 所示。均质充气模式的进气过程中,节气门位置由加速踏板决定,进气歧管中的翻板位置视不同情况而定。当发动机处于中等负荷和转速时,进气歧管翻板关闭,进气被导入汽缸中,从而提高了混合气的形成。随着发动机负荷和转速的增加,仅仅依靠上部管道吸入的空气会使得空气量不能满足需要。这时,进气歧管翻板的下部管道被打开。

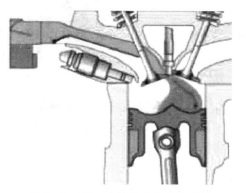

图 5 – 2 – 15　均质稀薄充气模式的
喷油阶段

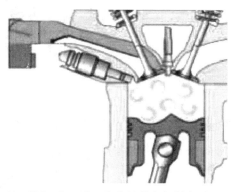

图 5 – 2 – 16　均质稀薄充气模式的
混合气形成

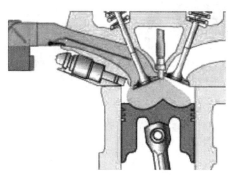

图 5 – 2 – 17　均质稀薄充气模式的燃烧阶段　　图 5 – 2 – 18　均质充气模式的进气阶段

(2) 喷油如图 5 – 2 – 19 所示,燃油在上止点前约 300° 时被直接喷入汽缸。

(3) 混合如图 5 – 2 – 20 所示,由于在进气行程中喷入燃油,对混合物的形成而言就有了更多的时间。这样,就在汽缸中形成了均质(均匀分布)的喷射燃油和吸入空气,此时燃烧室中的过量空气系数 $\lambda = 1$。

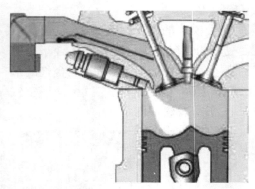
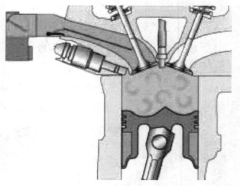

图 5 - 2 - 19　均质充气模式的喷油阶段　　　图 5 - 2 - 20　均质充气模式的混合气形成

（4）燃烧如图 5 - 2 - 21 所示,在均质充气模式中,点火时刻是影响发动机的转矩、燃油消耗和排放行为的主要因素。

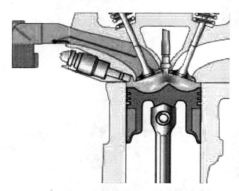

图 5 - 2 - 21　均质充气模式的燃烧阶段

5）发动机管理系统

系统组成如图 5 - 2 - 22 所示。

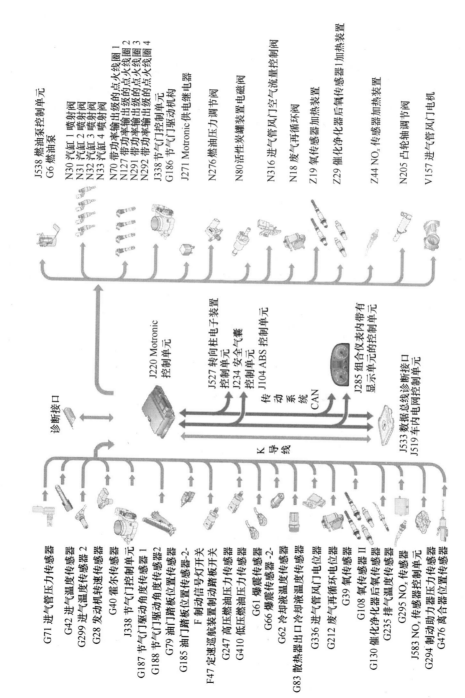

图5-2-22 FSI发动机管理系统构成

J538 燃油泵控制单元
G6 燃油泵
N30 汽缸1喷射阀
N31 汽缸2喷射阀
N32 汽缸3喷射阀
N33 汽缸4喷射阀
N70 带功率输出级的点火线圈1
N127 带功率输出级的点火线圈2
N291 带功率输出级的点火线圈3
N292 带功率输出级的点火线圈4
J338 节气门控制单元
G186 节气门驱动机构
J271 Motronic 供电继电器
N276 燃油压力调节阀
N80 活性炭罐装置电磁阀
N316 进气管风门空气流量控制阀
N18 废气再循环阀
Z19 氧传感器加热装置
Z29 催化净化器后氧传感器1加热装置
Z44 NOx 传感器加热装置
N205 凸轮轴调节阀
V157 进气管风门电机

诊断接口

J220 Motronic
控制单元

J527 转向柱电子装置
控制单元
J234 安全气囊
控制单元
J104 ABS 控制单元

传动系统 CAN

J285 组合仪表内带有
显示单元的控制单元

K 号诊线
J533 数据总线诊断接口
J519 车内电网控制单元

G71 进气管压力传感器
G42 进气温度传感器2
G299 进气温度传感器2
G28 发动机转速传感器
G40 霍尔传感器
J338 节气门控制单元
G187 节气门驱动角度传感器1
G188 节气门驱动角度传感器2
G79 油门踏板位置传感器1
G185 油门踏板位置传感器2-
F 制动信号灯开关
F47 定速巡航装置制动踏板开关
G247 高压燃油压力传感器
G410 低压燃油压力传感器
G61 爆震传感器
G66 爆震传感器-2-
G62 冷却液温度传感器
G83 散热器出口冷却液温度传感器
G336 进气管风门电位器
G212 废气再循环传感器
G39 氧传感器
G108 氧传感器 II
G130 催化净化器后氧传感器
G235 排气温度传感器
G295 NOx 传感器
J583 NOx 传感器控制单元
G294 制动助力器压力传感器
G476 离合器位置传感器

197

【任务实施】

要求通过以下工作页,完成任务实施过程。任务实施过程分组进行,每组配一部车及一名指导老师,老师适当指导,由学生为主体讨论完成。

发动机电控系统			
学习工作页			
学习项目:汽油发动机电控系统新技术 学习任务:汽油缸内直接喷射控制技术 任务实施:汽油缸内直接喷射控制技术认知	姓名:_____ 日期:_____		班级:_____ 学号:_____第__页

一、任务

本任务是对汽油缸内直接喷射控制技术总体认识,要求能在汽油缸内直接喷射控制的汽车、发动机实物上初步认识各个控制系统和部件,包括发动机结构、燃油供给控制、系统关键部件的安装位置和外形的认识,以及在不同充气模式的工作情况的认识,为后续课程学习打好基础。

二、注意事项

1. 因该系统实车最高燃油油压达 10MPa 以上,若操作不当,足以致人死亡,请在专业指导老师指导下作业,严禁擅自操作。

2. 在学习过程中,不要随便拔出各个连接器,以免损坏。

3. 同一小组同学可以讨论完成,并做好记录。

三、程序与步骤

1. 设备与工具准备:①装备汽油缸内直喷的车辆和发动机;②对应车辆的维修手册、电路图、培训手册、教学挂图;③安全防护设备。

2. 你所接触的缸内直喷发动机型号:_____,是那种模式的缸内直喷?_____。

3. 该发动机最高燃油压力是多少?_____ MPa;非缸内直喷发动机的燃油压力一般是多少?_____ kPa;燃油压如何读取?_____

4. 该发动机的喷油器安装位置:_____。

5. 该喷油器与非缸内直喷发动机的喷油器有什么区别?_____
_____。

6. 该发动机的增压油泵(高压油泵)位置:_____。

7. NO_x 传感器位于排气装置内的哪个位置处?

□ NO_x 存储型催化净化器前　　□ 阶跃式氧传感器前　　□ NO_x 存储型催化净化器后

□ 前催化净化器前

8. 拓展题:若该发动机怠速运行,发动机的充气模式是:□分层充气模式 □均质稀薄充气模式□均质充气模式? 为什么?

【任务评价】

序号	评价指标	评价内容	分值	学生自评	小组评价	教师评价
1	正确描述部件位置	描术是否正确	20			
2	能正确分析部件作用	判断是否正确	40			
3	能正确确认维修注意事项	判断是否正确	20			
4	安全规范与提问	是否符合安全操作规范	10			
		回答问题是否准确	10			
总分			100			
问题记录和解决方法		记录任务实施中出现的问题和采取的解决方法(可附页)				

任务三 动力传动车载网络控制技术

【任务描述】

随着汽车技术不断发展,车上所采用的电控系统数量剧增,为解决多个处理器之间相互连接、协调工作并共享信息,构成了汽车车载计算机网络系统,简称车载网络。该技术实现了全车信息共享,较以往单系统工作(如发动机控制)有着较大差别,在已学习发动机电控系统基础上,还须进一步了解该网络系统,与时俱进。

【任务分析】

车载网络属于交叉学科系统,汇集网络技术、计算机技术、车辆控制技术等,需要学习者接受新学科、新技术的挑战,以发动机电控系统技术为基础,理解车载网络的作用、原理、构成及检测维修方法。

本任务基于认知层次角度向学习者介绍车载网络(主要是动力 CAN 系统)的原理与构成,需要学习者根据指引,认识该系统组成与一般的检测方法。

【知识链接】

现代汽车的电控控制单元很多,它们在工作过程中,不断地接收外界传感器的信号,然后发出指令去控制执行器的动作。在汽车工作过程中,电控单元采集的许多动态信号必须与车速同步。为了满足各系统对数据的实时性的要求,减少数据线,实现数据共享已显得很有必要。随着汽车电子技术的快速发展,使得车用电气设备越来越多,使汽车电气系统形成了一个庞大的系统。传统的布线形式已经不能满足现代汽车高速智能化的发展,新型汽车的控制系统中采用了一种新型的数据传输网络,即 CAN,如图 5－3－1所示。

CAN(Controller Area Network)总线双称为汽车总线,其全称为控制器局域网,其目的是使汽车控制系统的数据传输实现高速化,并使汽车控制系统简单化。CAN 总线是德国博世公司为解决现代汽车中众多的电控单元之间的数据交换而开发的一种串行通信协议。CAN 总线在诸多汽车总线中有着重要的地位,现已成为汽车总线的代名词。

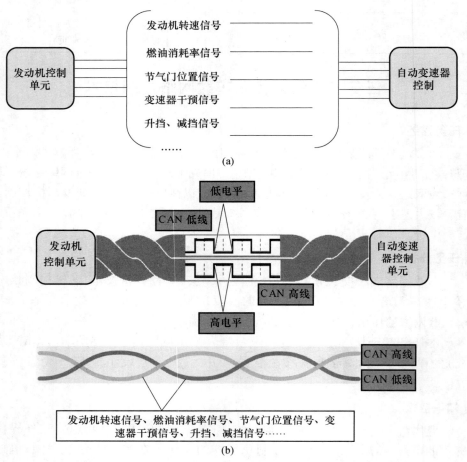

图 5－3－1　CAN 总线传输系统与传统多线数据传输系统对比

(a)传统布线方式(多线数据传输系统);(b)驱动 CAN(动力 CAN)总线数据传输系统。

200

一、CAN 数据传输系统的原理

数据总线是控制模块之间传递数据的通道。CAN 数据传输系统将传统的多线传输系统改变为双线(总线)传输系统,如图 5 - 3 - 1(b)所示。这样一辆汽车不论有多少控制模块,也不管其信息容量有多大,每个控制模块都只需引出两条线接在两个节点上,这两条导线称为数据总线。数据总线好比一条信息高速公路,信息通过在高速公路上行驶的 Bus 来传递,所以 CAN 数据传输系统又称为 CAN - Bus,如图 5 - 3 - 2 所示。

图 5 - 3 - 2　CAN - Bus 示意图

CAN 数据传输系统中的每个控制单元内部都含有一个 CAN 控制器和一个 CAN 收发器。每个控制单元之间都通过两条数据总线连接,在数据总线两端都装有数据传输终端,如图 5 - 3 - 3、图 5 - 3 - 4 所示。

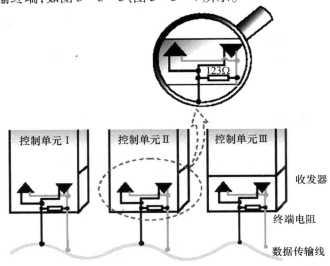

图 5 - 3 - 3　CAN - Bus 系统组成

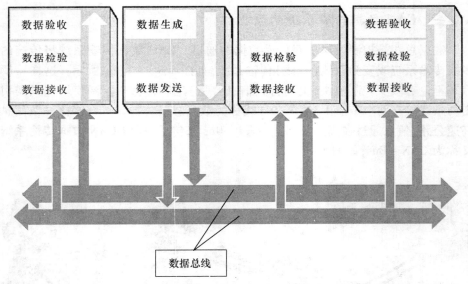

图 5 - 3 - 4 CAN - Bus 数据传输系统

二、CAN - Bus 系统结构

CAN 数据传输系统由以下四部分组成。

1. CAN 控制器

CAN 控制器的作用是接收控制单元中微处理器发出的数据,处理数据并传送给 CAN 收发器。同时 CAN 控制器也接收收发器收到的数据,处理数据并传给微处理器(电脑内部数据的接收、处理及传送)。通过 CAN 总线的所有通信都要由控制单元进行监控,控制单元根据预先给定的时间节拍发出数据并且对接收到的数据进行检测。

1) 独立控制器

SJA1000 是一个汽车上常用的独立的 CAN 控制器,其内部结构框图如图 5 - 3 - 5 所示。其功能说明如下。

接口管理逻辑:接口管理逻辑解释来自 CPU 的命令,控制 CAN 寄存器的寻址,向主控制器提供中断信息和状态信息。

发送缓冲器:发送缓冲器是 CPU 和位流处理器之间的接口,能够存储发送到 CAN 网络上的完整信息。缓冲器长 13 个字节,由 CPU 写入、位流处理器读出。

接收缓冲器:接收缓冲器是验收滤波器和 CPU 之间的接口,用于存储从

202

CAN 总线上接收的信息。接收缓冲器作为接收 FIFO 的一个"窗口",可被 CPU 访问。CPU 在此 FIFO 的支持下,可以在处理信息时接收其他信息。

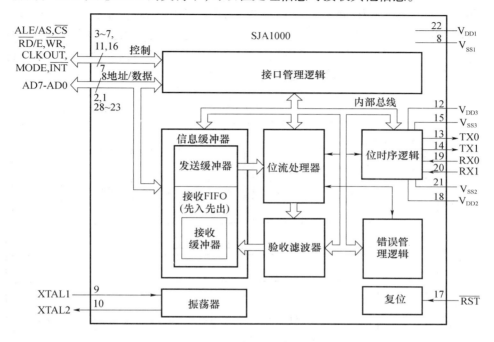

图 5-3-5 SJA1000 内部结构框图

验收滤波器:验收滤波器把其中的数据和接收的识别码的内容相比较,以决定是否接收信息。在纯粹的接收测试中,所有的信息都保存在接收 FIFO 中。

位流处理器:位流处理器是一个在发送缓冲器、接收 FIFO 和 CAN 总线之间控制数据流的程序装置。它还在 CAN 总线上执行错误检测、仲裁、填充和错误处理。

位时序逻辑:位时序逻辑监视串口的 CAN 总线和处理与总线有关的位时序。它在信息开头"弱势一支配"的总线传输时同步 CAN 总线位流(硬同步),接收信息时再次同步下一次传送(软同步)。位时序逻辑还提供可编程的时间段来补偿传播延迟时间、相位转换(例如,由于振荡漂移),定义采样点和一位时间内的采样次数。

错误管理逻辑:错误管理逻辑负责传送层模块的错误管制。它接收位流处理器的出错报告,通知位流处理器接口管理逻辑进行错误统计。

2）集成的 CAN 控制器

P87C591 是一个集成了 CAN 控制器的单片 8 位高性能微控制器,芯片上自带的 CAN 控制器为 CAN 的应用提供了许多专用的硬件功能。它完全符合 CAN2.0 规范,并提供一个直接 SJA1000 独立 CAN 控制器的软件移植路径,具有 CAN 的扩充特性,其中包括增强型接收滤波器、支持系统维护、诊断、系统优化以及接收 FIFO 特性等。其内部结构如图 5 - 3 - 6 所示。

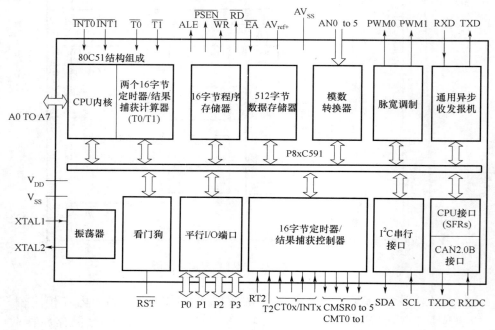

图 5 - 3 - 6　P87C591 结构图

80C51 CPU 接口将 PeliCAN 与 P87C591 微控制器内部总线相连。通过 5 个特殊功能寄存器 CANADR、CANDAT、CANMOD、CANSTA 和 CANCON 对 Peli-CAN 进行访问。CPU 与 CAN 的接口如图 5 - 3 - 7 所示;PeliCAN 内部结构如图 5 - 3 - 8所示。

其中发送管理逻辑提供驱动信号,用于推挽式的 CAN TX 晶体管。外部晶体管根据可编程输出驱动器的配置打开或者关闭。此外还执行短路保护和硬件复位的异步悬浮。其他模块的功能与独立 CAN 控制器 SJA1000 内部的相同,在此不再赘述。

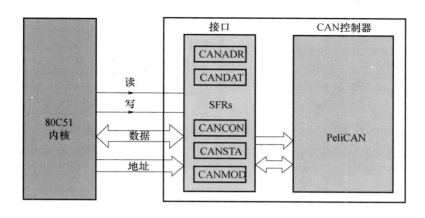

图 5 - 3 - 7　CPU 与 CAN 的接口

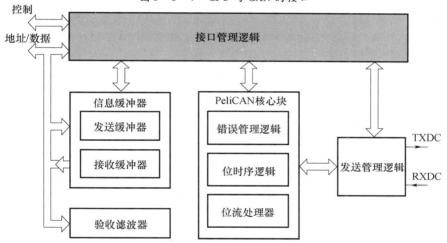

图 5 - 3 - 8　PeliCAN 内部结构图

2. CAN 收发器

CAN 收发器是一个发送器和接收器
的结合,它将 CAN 控制器提供的数据转
化为电信号并通过数据总线发送出去;同
时,它也接收 CAN 总线数据,并将数据传
输给 CAN 控制,如图 5 - 3 - 9 所示。

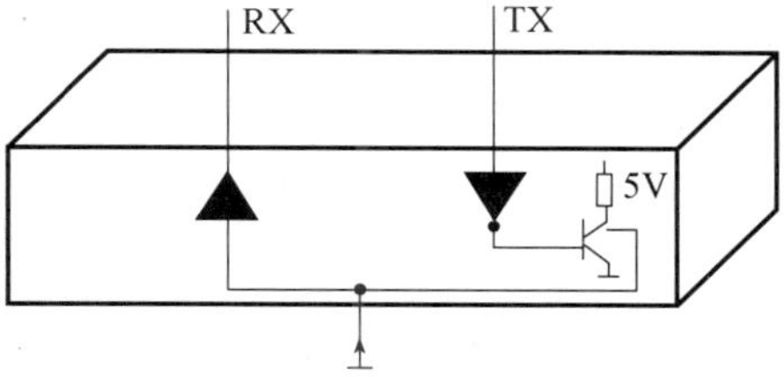

3. 数据传输终端

数据传输终端实际上是一个电阻器,共作用是保护数据,避免数据传输到
终端被反射回来而产生反射波,如图5 - 3 - 10所示。

图 5 - 3 - 9　发送器和接收器结构示意图

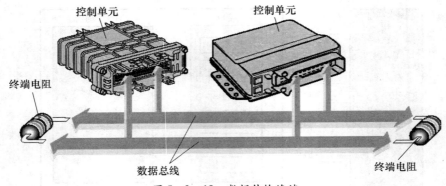

图 5 - 3 - 10　数据传输终端

4. CAN 数据总线

CAN 数据总线是传输数据的双向数据线,分为高位数据线和低位数据线。如图 5 - 3 - 1(b)所示,为防止处界电磁波干扰和向外辐射,CAN 数据总线通常缠绕在一起。这两条线上电位和是恒定的,如果一条线上的电压是 5V,则另一条线上的电压为 0V,如图 5 - 3 - 11 所示。

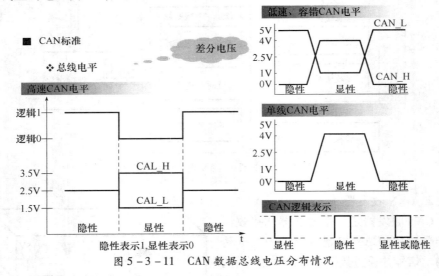

图 5 - 3 - 11　CAN 数据总线电压分布情况

三、动力传动局域网系统

车用局域网的应用非常广泛,如果按照应用系统加以划分,车用局域网络大致可分为 4 个系统:动力传动系统、舒适系统、安全系统和信息系统,如图 5 - 3 - 12 所示。

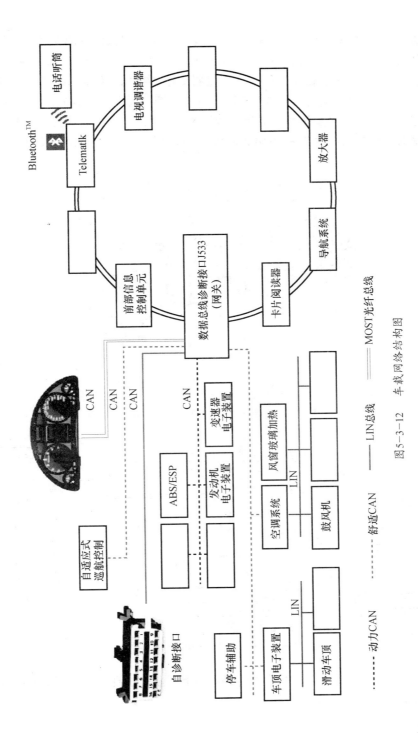

图5-3-12 车载网络结构图

207

动力 CAN 数据总线一般连接 3 块电脑,即发动机电脑、自动变速器电脑和 ABS 电脑,如图 5 - 3 - 13、图 5 - 3 - 14 所示。总线可以同时传递 10 组数据,发动机电脑 5 组、ABS 电脑 3 组和自动变速器 2 组。数据总线以 500kb/s 速率传数据,每一数据组传递大约需要 0.25ms,每一电控单元 7~20ms 发送一个数据。数据传递的先后顺序是按数据的优先级别来确定的,具有更高优先级别的数据首先发送。优先权顺序为 ABS 电控单元→发动机电控单元→自动变速器电控单元。

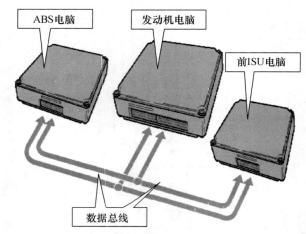

图 5 - 3 - 13　奇瑞 A5 轿车 CAN 数据传输系统构成

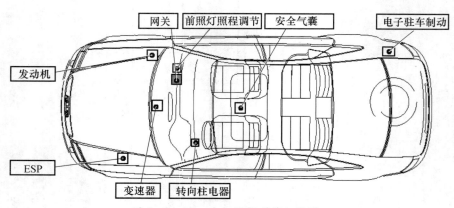

图 5 - 3 - 14　动力 CAN 总线组成图

在动力传动系统中,要求数据传递应尽量快速,以便及时利用数据。所以在动力系统中采用的是高性能的发送器。

208

【任务实施】

要求通过以下工作页,完成任务实施过程。任务实施过程分组进行,每组配一部车及一名指导老师,老师适当指导,由学生为主体讨论完成。

<table>
<tr><td colspan="3" align="center">发动机电控系统
学习工作页</td></tr>
<tr><td>学习项目:汽油发动机电控系统新技术
学习任务:动力传动车载网络技术
任务实施:动力传动车载网络认知</td><td>姓名:_____
日期:_____</td><td>班级:_____
学号:____第__页</td></tr>
</table>

一、任务

本任务是对动力传动车载网络总体认识,要求能在车载网络系统实物上初步认识各个控制系统和部件,包括控制单元、数据总线和诊断接口的安装位置和外形的认识,为后续课程学习打好基础。

二、注意事项

1. 本工作页在完成过程不需起动发动机,请不要擅自起动。

2. 在认识过程中,不要随便拔出各个连接器,以免损坏。

3. 同一小组同学可以讨论完成,并做好记录。

三、程序与步骤

1. 设备与工具准备:①带动力(驱动)CAN 系统的车辆、②对应车辆的维修手册、电路图、培训手册。

2. 请画出该车动力(驱动)CAN 系统结构图。

3. 该车的发动机电控单元位置在:_____,连接该控制单元的 CAN 数据总线颜色为:_____(CAN 高线)色、_____(CAN 低线)色。

4. 该车的 ABS 电控单元位置在:_____,连接该控制单元的 CAN 数据总线颜色为:_____(CAN 高线)色、_____(CAN 低线)色。

5. 该车的变速器电控单元位置在:_____,连接该控制单元的 CAN 数据总线颜色为:_____(CAN 高线)色、_____(CAN 低线)色。

6. 该车的诊断接口位置在:_____,连接该控制单元的 CAN 数据总线颜色为:_____(CAN 高线)色、_____(CAN 低线)色。

7. 点火开关转到 OFF,使用万用表测量诊断接口的 CAN 高线对地电压为:_____ V,CAN 低线对地电压为:_____ V。

8. 点火开关转到 ON 位,使用万用表测量诊断接口的 CAN 高线对地电压为:_____ V,CAN 低线对地电压为:_____ V。

9. 点火开关转到 ON 位,使用万用表测量诊断接口的 CAN 高线与 CAN 低线间电压为:_____ V。

10. 拓展题:CAN – Bus 系统是如何通过高、低 CAN 线间的差分电压传递信息的?

【任务评价】

序号	评价指标	评价内容	分值	学生自评	小组评价	教师评价
1	正确描画出驱动 CAN 系统结构图	描画是否正确	20			
2	能正确找出控制单元及数据线据	判断是否正确	20			
3	能正确测量出电路电压	判断是否正确	40			
4	安全规范与提问	是否符合安全操作规范	10			
		回答问题是否准确	10			
总分			100			
问题记录和解决方法		记录任务实施中出现的问题和采取的解决方法(可附页)				

210

参考文献

[1] 李雷．汽车发动机电控系统维修[M]．北京：人民邮电出版社，2011．

[2] 廖向阳．车载网络系统检修(第3版)．[M]北京：人民交通出版社，2014．

[3] 王盛良．汽车发动机电控技术与检修(第2版)[M]．北京：机械工业出版社，2013．

[4] 郑易．汽车发动机电控新技术与检修[M]．北京：机械工业出版社，2011．

[5] 邓长勇，李彩霞，阿地里江·阿不力米提．新能源汽车运用技术[M]．西安：西安交通大学出版社，2014．

[6] 卢若珊．现代汽车电控系统故障诊断与检修[M]．北京：国防工业出版社，2011．

[7] 段兴华．汽车电控系统故障诊断实训[M]．北京：北京理工大学出版社，2008．

[8] 曹红兵．发动机电控技术原理与维修[M]．北京：机械工业出版社，2008．

[9] 刘春晖．汽车和发动机电控系统结构与检修[M]．北京：机械工业出版社，2014．

[10] 解国林，吕江毅．汽车发电动机电控系统结构检修[M]．天津：天津科学技术出版社，2011．

[11] 钱人一．汽车发动机三效催化转化器和氧传感器的故障诊断[J]．汽车技术，2000(03)．

[12] 胡新强．汽油机电控燃油喷射系统ECU技术研究[D]．天津：河北工业大学，2007．

[13] 邢世凯，李聚霞．燃油蒸发排放控制系统的控制原理与检修[J]．汽车维修，2011(05)．

[14] 王春雨．燃油蒸发排放控制系统诱发的故障与排除[J]．汽车维修，2009(02)．

[15] 朱阳，李鹏，吕先虎，等．汽车尾气排放控制系统[J]．小型内燃机与摩托车，2008(05)．

[16] 陈昌建，王忠良，王再宙．马自达6轿车排放控制系统检修[J]．汽车技术，2006(08)．

[17] 唐燕．汽车发动机排放控制技术新动向[J]．汽车研究与开发，2005(05)．

[18] 林菱．丰田佳美轿车3VZ-FE型发动机排放控制系统的检修[J]．汽车维护与修理，2001(10)．

[19] 朱会田，刘青掌，杜愎刚．TWC故障检测与维护[J]．山东工业技术，2014(16)．

[20] 朱会田，刘青掌，杜愎刚．氧化锆式氧传感器的性能与应用[J]．山东工业技术，014(14)．